Sumário

COLABORADORES E CONSULTORES

Albert Reece
Médico

Allan Handysides
Médico

Benjamin Carson
Neurocirurgião

Clifford Goldstein
Escritor

Delbert Baker
Teólogo

Duane McBride
Sociólogo

Fred Hardinge
Médico

Katia Reinert
Enfermeira

Gary Fraser
Pesquisador

Gary Hopkins
Pesquisador

Neil Nedley
Médico

SAÚDE E BEM-ESTAR

Princípios para uma vida sem limites

A lista comprovada das cem pessoas mais velhas dos tempos modernos mostra uma gama de idades que variam entre 113 e 122 anos.[1] Somente seis desses supercentenários ainda estavam vivos no início de 2014, mas muitos outros podem surgir no futuro. A medicina promete aumentar consideravelmente nossa expectativa de vida ao longo das próximas décadas. Até lá, você pode fazer a sua parte para viver mais e melhor. Embora uma pesquisa sobre gêmeos sugira que 20 a 30% da duração da vida de uma pessoa estejam ligados à genética, muitos outros estudos demonstram que a longevidade depende, em grande parte, do estilo de vida.[2]

A medicina criou técnicas sofisticadas para melhorar a saúde humana. Contudo, ninguém que conheça as estatísticas consegue dizer que a batalha já foi ganha. A busca pela saúde é um desafio diário para todos os governos e indivíduos. Se você gosta de números, confira alguns fatos:

A estimativa de valores no mercado dos serviços de saúde para 2015 é de US$ 3 trilhões, transformando essa indústria em um dos maiores setores da economia mundial. Nos países desenvolvidos, a saúde consome mais de 10% do produto interno bruto.

O mercado farmacêutico global fatura mais de US$ 300 bilhões por ano. As dez maiores indústrias de remédios (seis sediadas nos Estados Unidos e quatro na Europa) vendem mais de US$ 10 bilhões por ano e têm uma margem de lucro de aproximadamente 30%. Em contrapartida, os custos para desenvolver um único medicamento podem ultrapassar US$ 1,3 bilhão.[3]

De acordo com a Organização Mundial de Saúde, em 2006, havia mais de 59 milhões de trabalhadores da área de saúde ao redor do planeta, incluindo 9,2 milhões de médicos, 19,4 milhões de enfermeiros e parteiros, 1,9 milhão de dentistas e outros profissionais ligados à odontologia, 2,6 milhões de farmacêuticos e pessoas do ramo de farmácia e mais de 1,3 milhão de agentes comunitários de saúde. Os números são ainda maiores hoje. Mesmo assim, havia uma carência de mais de 4 milhões de médicos, enfermeiros, parteiros e outros profissionais de áreas afins.[4]

O sofrimento desnecessário continua a ser um problema grave no mundo, pois, dentre aqueles que necessitam de cuidados paliativos, incluindo o alívio à dor, somente um em cada dez os recebe atualmente.[5]

Segundo um estudo do centro de educação e mercado de trabalho da Universidade de Georgetown, somente nos Estados Unidos, estima-se que a indústria de saúde irá criar 5,6 milhões de novos empregos até 2020 para atender à crescente demanda.[6]

Um dos grandes desafios hoje é o envelhecimento da sociedade. A população global está ficando mais velha. Calcula-se que, em 2050, a porcentagem de pessoas com mais de 60 anos de idade crescerá dos 21% atuais para 32% nos países desenvolvidos e de 8% para 20% nas nações em desenvolvimento.[7]

A saúde é o sonho tanto de ricos quanto de pobres. O Dr. Ben Carson, célebre neurocirurgião, relata: "Quando eu fazia residência médica no Hospital Johns Hopkins, ficava muito impressionado com o *status* dos pacientes que via internados. Havia muitos chefes de estado, membros da realeza e diretores de grandes organizações. Vários deles estavam morrendo de doenças terríveis e alegremente abririam mão de todos os títulos e de cada centavo que possuíam para que a saúde ficasse em dia. Isso realmente coloca em perspectiva aquilo que importa de verdade na vida."

De fato, sem saúde, a maioria das outras coisas não tem grande relevância. Por isso, precisamos investir na conservação da boa saúde, em vez de nos preocuparmos apenas quando algo a ameaça. E, quando falamos em saúde, devemos pensar em todas as dimensões: física, mental e espiritual. Nosso dever é otimizar esses três aspectos. O Dr. Carson revela: "Em minha função de médico, tenho testemunhado com frequência a alegria ligada à restauração da saúde física e emocional, mas ela é pequena quando comparada à felicidade potencialmente eterna associada à saúde espiritual."

O mundo se tornou um lugar tão complexo, perigoso e doente que fazer boas escolhas é mais importante do que nunca. Minimizar ou prevenir problemas é a melhor estratégia para uma vida mais segura e satisfatória. É aqui que entra a mensagem deste livro, cujo objetivo é ajudar você a melhorar sua qualidade de vida.

É provável que você tenha começado a ler este livro porque deseja ter uma vida mais longa e saudável. Esse é um alvo nobre, pois você foi criado para viver para sempre. Se seguir os princípios e as dicas apresentados aqui, seu sonho pode se tornar realidade. Você merece viver bem e ser feliz.

Afinal, somos mais valiosos do que possa parecer à primeira vista. Veja o corpo humano, por exemplo. Quando os pesquisadores somam o valor químico das partes que o compõem, podem concluir que não valemos muita coisa. Contudo, a revista *Wired* estima que, ao considerarmos o valor monetário de nosso coração, dos pulmões, dos rins, do DNA e da medula óssea, cada um de nós vale extraordinários US$ 45 milhões.

E, como ser humano racional, com enorme capacidade para amar e experimentar as maiores alegrias da vida, você é ainda mais valioso do que US$ 45 milhões. É disso que este livro trata. Você está iniciando uma jornada de descobertas com potencial para transformar a vida. Os princípios e as sugestões práticas que você descobrirá em cada capítulo podem fazer grande diferença em sua qualidade de vida. Você pode viver de forma plena e desfrutar alegria ao máximo.

Ao caminhar por estas páginas e refletir sobre sua saúde, você reconhecerá que, para alcançar a felicidade total, provavelmente precisará fazer ajustes na direção de sua vida. No entanto, em vez de se sobrecarregar com mudanças demais, escolha começar com alguns pequenos passos. Por exemplo, se você conseguir aumentar a quantidade de exercício, ou reduzir o total de açúcar e alimentos refinados em sua dieta, ou descansar mais, sua energia aumentará e a capacidade de tomar decisões saudáveis se tornará mais forte.

Ter uma boa saúde é algo que todos desejamos; mas, infelizmente, muitas pessoas só percebem isso depois que a perdem. Você tem agora a oportunidade de avaliar sua saúde e seu estilo de vida com cuidado. Não aja apressadamente, fazendo resoluções que logo serão descartadas. Você sente que está extraindo o melhor da vida em todas as suas facetas? Avaliou recentemente sua saúde *total*, incluindo os aspectos físico, mental, social e espiritual?

Você pode presumir que administra muito bem sua rotina diária de comer, dormir e trabalhar. Todavia, está desfrutando verdadeira qualidade de vida? Já parou para pensar que a vida pode ser muito mais do que você tem experimentado no momento?

Progressos na medicina

Durante o século 20, a ciência médica deu largos passos rumo à melhora da saúde da população. Nossa compreensão acerca da fisiologia e dos processos de enfermidade foi ampliada. Medidas de saúde pública que melhoraram o saneamento básico e a distribuição de água potável para as comunidades afetaram positivamente a qualidade de vida e a longevidade de milhões. O desenvolvimento de vacinas e imunizações – uma das iniciativas com melhor custo-benefício para prevenir doenças infecciosas – erradicou a varíola no fim do século 20 e diminuiu radicalmente os surtos de pólio e difteria. Os casos registrados de sarampo, caxumba, rubéola, tétano e difteria caíram em cerca de 90% por causa da vacinação.

Doenças infecciosas e transmissíveis, como a tuberculose, a malária e a hepatite, espalhadas por bactérias, vírus, fungos e parasitas, continuam a causar problemas significativos ao redor do mundo. O HIV e a Aids tiraram a vida de cerca de 1,7 milhão de pessoas somente em 2011. Mesmo assim, não podemos subestimar o valor dos grandes avanços na área da saúde.

Infelizmente, existe o outro lado de tais avanços na medicina. Enquanto os governos ao redor do mundo e os especialistas em saúde pública se concentraram em tratar, controlar e eliminar as doenças infecciosas (ou transmissíveis), as enfermidades não transmissíveis, relacionadas ao estilo de vida, aumentaram absurdamente. Hoje, essas doenças não transmissíveis impregnam todas as sociedades do planeta: economias desenvolvidas e emergentes, ricas e pobres. Elas estão ligadas ao estilo de vida e são uma ameaça tremenda à nossa saúde, felicidade e longevidade. É provável que alguém próximo a você tenha morrido de câncer, doença coronariana, enfarto, diabetes ou doenças respiratórias crônicas.

Qual é seu problema de saúde?

Você pode estar se sentindo bem até aqui porque não fuma, nem ingere álcool, mas e sua alimentação e consumo de sal? Aquilo que escolhemos comer é responsável, em grande parte, pelas diversas doenças não transmissíveis. Pelo menos 40% de todas as mortes por esse tipo de doenças resulta do consumo de alimentos ricos em gordura trans e saturada e em açúcar (e carboidratos refinados). Você escolhe seus alimentos com sabedoria e cuidado, concentrando-se na variedade e na boa nutrição, dentro dos limites de seu orçamento? Ações simples como a redução da quantidade de sal, do tamanho das porções e a ingestão de mais frutas e verduras podem fazer uma enorme diferença para sua saúde. Se você gosta de *junk food*, refeições irregulares, excesso de sal, grande quantidade de gordura, produtos refinados ou de comer grandes porções, saiba que a vida pode ser muito melhor, caso você mude seus hábitos. Por isso, preparamos este livro para você.

É claro que, para desfrutar a melhor saúde possível, você deve fazer exercícios todos os dias. Talvez você diga: "Eu levanto do sofá para fazer um lanchinho sempre que começam os comerciais na TV e caminho 30 metros do estacionamento até o supermercado." Contudo, você segue um programa de exercícios regular e planejado?

Os profissionais da saúde nos incentivam a dar pelo menos 10 mil passos por dia. Devemos fazer atividades físicas durante um mínimo de 30 minutos por dia a fim de que nosso maravilhoso corpo funcione em plena forma. Então, se você reclama que é ocupado demais para se exercitar, mas sente o real desejo de iniciar um programa de exercícios prático e passível de continuidade, continue lendo.

E os relacionamentos interpessoais? Você tem amigos com os quais se importa, pessoas mais novas a quem mentora e indivíduos necessitados aos quais ajuda? Apoio social, conexão com Deus e com os outros também transmitem saúde. Talvez haja relacionamentos partidos em sua vida que precisem ser restaurados. Continue lendo. Deus tem um plano muito melhor do que conseguimos imaginar.

Você é feliz? Acorda com um propósito, anda com brilho nos olhos e um sorriso no rosto? Ou a vida se tornou um fardo pesado demais? Você está ansioso ou abatido? O futuro parece sombrio? Você luta com pensamentos sombrios de falta de sentido, fracasso e derrota? Ao explorarmos os fatos científicos e descobrirmos os princípios transformadores da Bíblia que podemos aplicar de maneira universal, você verá que a possibilidade de felicidade é real.

É praticamente certo que a decepção, a angústia e as provas afligirão nossa vida em algum momento, porque vivemos em um mundo cheio de pecado; porém, Deus é maior do que nossas provações, dificuldades e desafios. Podemos ser fracos, mas Ele é forte. Deus é nossa segurança quando enfrentamos a incerteza. Quando a culpa ameaça nos sobrepujar, Ele pode ser nossa paz. É nossa sabedoria quando nos encontramos perplexos. Quando ficamos presos nas cadeias de hábitos aparentemente insuperáveis, Ele está pronto para conceder poder sobrenatural a fim de nos libertar. E, quando nos sentimos sós, Ele está próximo.

Por isso, sempre que enfrentamos ansiedade paralisante e medo avassalador, as palavras divinas continuam falando ao coração: "Venham a Mim, todos os que estão cansados e sobrecarregados, e Eu lhes darei descanso" (Mateus 11:28). Quando os fardos da vida parecem intransponíveis, Deus nos convida a lançar sobre Ele toda a nossa ansiedade, "porque Ele tem cuidado" de nós (1 Pedro 5:7). E, quando o futuro parece incerto, Ele nos lembra: "Não tema, pois estou com você; não tenha medo, pois sou o seu Deus. Eu o fortalecerei e o ajudarei; Eu o segurarei com a Minha mão direita vitoriosa" (Isaías 41:10).

Em Deus, encontramos descanso e esperança para o futuro. Nosso amável Pai celestial nos deu um mapa e instruções sobre como ter saúde e bem-estar para sempre. Nascemos para algo mais do que simplesmente lutar por algumas décadas e depois morrer. O plano divino é que tenhamos vida total hoje, amanhã e eternamente.

O Senhor tem um plano extraordinário para sua vida. Ele tem a preocupação pessoal de que você viva a vida em sua plenitude. Deseja que você experimente alegria sem medida. Aliás, o próprio Jesus disse: "Eu vim para que tenham vida, e a tenham plenamente" (João 10:10). O plano celeste para você é uma vida de plenitude física, mental, emocional e espiritual.

Cada capítulo deste livro é uma aventura rumo a uma vida de verdade. Ao colocar os princípios dele em prática, você observará mudanças positivas em sua vida. Alguns benefícios de suas escolhas saudáveis serão quase imediatos; porém, a maioria virá aos poucos.

Não desanime, nem desista rápido demais. Continue a fazer escolhas positivas em seu estilo de vida e, com o tempo, você ficará surpreso com o que acontecerá.

Um Deus amoroso nos criou com liberdade de escolha. Nossa vontade, o poder que nos capacita a escolher como pensamos, os hábitos físicos que desenvolvemos e as decisões espirituais que tomamos, é uma força poderosa na transformação do estilo de vida. As pesquisas médicas atuais tendem a reconhecer cada vez mais que, embora a genética desempenhe um papel na determinação do estado de nossa satisfação e saúde geral, a escolha é um fator muito mais influente e importante. Nossa saúde não é mera questão do acaso. Ela está grandemente ligada às nossas decisões diárias.

Quando escolhemos tomar decisões positivas, o Espírito Santo vem ao nosso auxílio para capacitar-nos a colocar tais decisões em prática. Todo o poder do Céu está disponível para você. Sua vontade pode estar enfraquecida por causa de más escolhas; porém, nunca é tarde demais para recomeçar. Você pode assumir o comando de sua vida e saúde. A mudança começa com a escolha e ocorre quando percebemos que não somos vítimas do acaso, mas temos liberdade para assumir responsabilidade por nossa saúde e felicidade. Se você decidir adotar as sugestões aqui propostas, experimentará mais prazer na vida.

É claro que o aperfeiçoamento pessoal tem limites. Nossa realidade biológica nos lembra de algumas barreiras intransponíveis e define o escopo das realizações humanas. No entanto, o valor deste livro é que ele oferece mais do que é humanamente possível alcançar. Ao lê-lo, você perceberá que pode depender de um poder superior cheio de graça. A experiência de um relacionamento espiritual com um Deus amoroso pode fazer grande diferença em sua vida.

Enquanto somos finitos, Deus e Sua graça são infinitos. Graça é o poder do Onipotente para conceder ao impotente a capacidade de ser completo – e tudo isso se realiza por meio da construção de um relacionamento. Ao nos concentrarmos no ser inteiro, incluindo os aspectos físicos, mentais e espirituais, Deus nos oferece vida total e bem-estar pleno. Ele derrama do Céu a graça como chuva sobre nós, atravessando um abismo que não seríamos capazes de cruzar. Oferecida na forma de amor incompreensível a quem não merece, a graça permite a experiência de uma vida abundante agora e por toda a eternidade.

Em nossa vida terrena, apesar de nossos melhores esforços para seguir os princípios de saúde, é impossível escapar da persistente sombra da mortalidade. Entretanto, quando o ser humano cruza o abismo existente entre nós e Deus, nasce a esperança. O amor abala os alicerces da prisão da morte. Um dia, as sepulturas cederão à persuasão da graça. Se você deseja melhorar sua saúde, a ciência pode ajudá-lo; mas, se você quer viver para sempre, procure a fonte de vida imortal.

---

[1] Ver http://en.wikipedia.org/wiki/List_of_supercentenarians; e www.greg.org/Adams/B3.HTM.

[2] Confira um estudo interessante sobre grupos longevos em Dan Buettner, *The Blue Zones: Lessons for Living Longer from the People Who've Lived the Longest* (Washington, DC: National Geographic Society, 2008).

[3] Informações da Organização Mundial de Saúde, disponível em www.who.int/trade/glossary/story073/en/. Veja outros números em International Federation of Pharmaceutical Manufacturers and Associations, "The Pharmaceutical Industry and Global Health: Facts and Figures 2012", disponível em www.ifpma.org/fileadmin/content/Publication/2013/IFPMA-_Facts_And_Figures_2012_LowResSinglePage.pdf.

[4] Organização Mundial de Saúde, "Working Together for Health", disponível em www.who.int/whr/2006/whr06_en.pdf?ua=1.

[5] Organização Mundial de Saúde, www.who.int/mediacentre/news/releases/2014/palliative-care-20140128/en/. Mapa disponível em www.thewpca.org/resources/global-atlas-of-palliative-care/.

[6] A. P. Carnevale et al., "Healthcare", p. 8, disponível em www9.georgetown.edu/grad/gpp:/hp:/cew/pdfs/Healthcare.FullReport.090712.pdf.

[7] Ver World Economic Forum, "The Future of Pensions and Healthcare in a Rapidly Ageing World: Scenarios to 2030", disponível em www3.weforum.org/docs/WEF_Scenario_PensionsandHealth2030_Report_2010.pdf.

O Segredo da Vida Plena

Você foi planejado para ser feliz

A autora norte-americana Annie Dillard escreveu sobre uma senhora que disse: "Parece que simplesmente fomos colocados aqui" "e ninguém não sabe por quê".[1] Ninguém não sabe por quê? Apesar do atropelo gramatical, a paixão pelas perguntas eternas – Quem somos? Como chegamos aqui? Como devemos viver? Qual é nosso propósito? – aparece em suas palavras. São questionamentos importantes, pois não podemos ter uma vida plena e saudável sem conhecer nossa origem e nosso propósito, assim como alguém não pode fazer o melhor uso de um iPad[2] se pensar que é apenas uma tábua para cortar rabanetes e cebolas na cozinha.

A humanidade já criou diversas teorias e histórias para explicar nossa origem. Uma das mais antigas ensina que determinado deus esmagou outro (cujo corpo veio para a Terra) e, cada vez que o deus vitorioso cuspia no cadáver esmagado de seu inimigo vencido, surgia um ser humano. Em contrapartida, uma das mais recentes ensina que nós não existimos de verdade; somos meras simulações computadorizadas, criadas por uma raça de alienígenas superinteligentes.

Entre esses dois extremos, há várias outras teorias, inclusive a do ateu Alex Rosenberg, o qual afirma que existimos na forma de entidades materiais sem sentido em um universo material igualmente desprovido de significado. "Qual é o propósito do Universo? Não existe. Qual é o sentido da vida? Idem."[3] Se, porém, a ausência de sentido de um universo puramente materialista deprime você, não se preocupe; pois, segundo Rosenberg, sua depressão não passa de um arranjo específico de neurônios e compostos químicos que podem ser alterados com medicamentos.

Em contraste com as várias teorias e histórias de como chegamos à Terra, a visão bíblica continua a ser, ainda hoje (e a despeito dos vários ataques que recebe), a explicação mais racional, esperançosa e prática para a origem e o propósito da existência humana. E, embora incorpore a perspectiva materialista e até mesmo a celebre, a cosmovisão bíblica não se limita a ela, pois fazê-lo seria, mais uma vez, o mesmo que usar um iPad apenas como tábua de cozinha.

Intenções

Em contraste com a premissa da ciência materialista, que considera os seres vivos da Terra meros acidentes (premissa esta baseada em uma filosofia, não na ciência), as Escrituras retratam a formação da vida como um ato direto do Criador. No livro de Gênesis, tudo tem um propósito, nada acontece por acaso. Não somos um simples aglomerado acidental de elementos químicos combinados por acaso. A fórmula "Disse Deus: 'Haja [...]' e houve" aparece várias vezes ao longo do relato da criação em Gênesis 1 e revela intencionalidade direta e proposital. Cada vez que ela é expressa, rejeita a ideia de que algo exista por acaso.

Tal intencionalidade é especialmente significativa no que se refere aos seres humanos. Em vez de apenas falar para que existíssemos e ganhássemos vida, como fez com todos os outros seres, Deus formou Adão do pó da terra e depois colocou o próprio fôlego de vida nele. "Então o Senhor Deus formou o homem do pó da terra e soprou em suas narinas o fôlego de vida, e o homem se tornou um ser vivente" (Gênesis 2:7). Foi um ato de intimidade que, entre outras coisas, transformou o ser humano na única criatura à "imagem de Deus" (Gênesis 1:27).

A criação culmina com a existência humana, como se tudo aquilo que aconteceu nos cinco dias anteriores tivesse sido apenas para nós. Depois de criar a humanidade no sexto dia, Deus descansou no sétimo (Gênesis 2:2), pois Sua obra estava acabada: "Assim foram concluídos os céus e a Terra, e tudo o que neles há" (Gênesis 2:1).

A autora cristã Ellen White escreveu: "Depois que a Terra com sua abundante vida animal e vegetal fora suscitada à existência, o homem, a obra coroadora do Criador, e aquele para quem a linda Terra fora preparada, foi trazido em cena. A ele foi dado domínio sobre tudo que seus olhos poderiam contemplar."[4] Em contraste com a escola filosófica de pensamento dominante na atualidade, a qual defende que estamos aqui por acaso, há um motivo para existirmos.

Tudo em sintonia

Embora Gênesis ensine que Deus criou a Terra para nós, descobertas científicas recentes têm estendido tal constatação para além de nosso planeta, chegando ao próprio cosmos. Elas revelam diversas constantes da física em fina sintonia que não permitem o menor desvio sem tornar impossível nossa existência.

Por exemplo, se a proporção entre a força do eletromagnetismo e a da gravidade fosse alterada em 1/1040, os seres humanos não estariam aqui. O que significa 1/1040? O matemático John Lennox explica: "Cubra a América com moedas empilhadas em uma coluna que chegue até a Lua (380 mil quilômetros de distância) e depois faça o mesmo em um bilhão de continentes do mesmo tamanho. Pinte uma moeda de vermelho e a coloque em algum lugar desse um bilhão de pilhas. Coloque uma venda em um amigo e peça que ele pegue a moeda vermelha. As chances de ele pegar a certa são de 1/1040".[5]

Há vários outros fatores em sintonia fina no cosmos, como a distância entre a Terra e o Sol, a velocidade de rotação da Terra, o nível de energia dos átomos de carbono e a velocidade de expansão do Universo. Eles precisam ser exatamente como são; caso contrário, a humanidade não teria sido criada. Os cientistas chamam essas proporções incríveis de "coincidências antrópicas". "Antrópico" vem do grego *anthropos* ("homem") e são "coincidências" porque, apesar da exatidão desconcertante, quando a figura de um Criador é eliminada, o que mais elas poderiam ser?

Todavia, tais "coincidências" ajudam a confirmar aquilo que Gênesis ensina. Existimos em um mundo que estava esperando por nós. Esse ponto é importante porque a base para nossa saúde e felicidade é o senso de significado e propósito. O psiquiatra Viktor Frankl, sobrevivente do Holocausto, afirmou que, em nosso íntimo, nós, seres humanos, necessitamos encontrar sentido para a existência; de outro modo, viveremos sem esperança, e esta é crucial para o bem-estar.

Em suma, Gênesis nos conta que, em vez de mera "espuma química"[6] na superfície da Terra, somos seres criados à imagem de Deus que devem refletir Seu caráter e revelar Sua bondade e Seu poder. Enquanto nos maravilhamos nesse poder e nessa bondade, crescemos e amadurecemos neles. Criados por um motivo, encontramos significado e propósito, inclusive saúde e bem-estar, ao buscar e seguir as intenções e os desejos de Deus para nós.

Todo integrado

Além de ensinar que estamos aqui por um motivo, Gênesis também revela quem somos. Ao contrário do antigo conceito pagão que separa carne e espírito em esferas distintas (considerando a carne má e o espírito bom), as Escrituras ensinam o que alguns chamam de "um todo integrado". Isso significa que os aspectos físicos, mentais e espirituais do ser humano formam uma unidade e que uma coisa não existe sem a outra. Quando Deus soprou em Adão o fôlego da vida, a Bíblia não diz que o homem recebeu uma alma, como se fosse uma unidade distinta dele, mas, sim, que ele *se tornou* uma "alma vivente" (*nephesh hayah*). Alma vivente é o que ele era, não o que possuía. É interessante observar que a Bíblia usa a mesma expressão para os animais também: "Assim Deus criou os grandes animais aquáticos e os demais seres vivos [*nephesh hayah*] que povoam as águas" (Gênesis 1:21; ver o v. 24). Embora Adão fosse diferente das baleias e tartarugas em muitos aspectos, assim como elas, ele também era um ser vivo, *nephesh hayah*.

Esse entendimento pode nos proteger de dois extremos. O primeiro é um dualismo acentuado, que enfatiza o aspecto espiritual em detrimento do físico, chegando ao ponto de considerar que o físico é mau. No entanto, desde Gênesis, quando Deus classifica o planeta concluído como "muito bom" (Gênesis 1:31), as Escrituras celebram o mundo físico como um produto do poder criador divino. Até mesmo nosso corpo, embora marcado pelo pecado, é uma criação de Deus e deve ser respeitado por isso: "Acaso não sabem que o corpo de vocês é santuário do Espírito Santo que habita em vocês, que lhes foi dado por Deus, e que vocês não são de si mesmos?" (1 Coríntios 6:19). A ideia de que nosso corpo é mau, em contraste com uma alma pura e eterna presa ao corpo e esperando ansiosa por libertação, é uma noção pagã que divide erroneamente a natureza humana, além de negar a importância de um aspecto crucial de nossa humanidade.

O segundo extremo é negar por completo o lado espiritual (como vimos em relação às ideias de Alex Rosenberg), limitando toda a realidade, inclusive cada aspecto da humanidade, a nada mais do que moléculas em movimento. Esse é o pressuposto filosófico sobre o qual se baseia grande parte da ciência moderna.

O ponto de vista bíblico, que enfatiza a realidade e a importância dos elementos físicos, mentais e espirituais de nossa humanidade, é especialmente vital na busca por saúde, cura e felicidade. A mente e o corpo são aspectos inseparáveis de nossa existência. Qualquer plano que tente trazer à tona o melhor da vida precisa levar em conta todos os aspectos de nossa humanidade complexa e fascinante. Saúde inclui todas as facetas de nosso ser. Ter boa saúde é estar mentalmente alerta, emocionalmente bem ajustado e espiritualmente em harmonia com o Criador. Muito mais do que a ausência de enfermidade, envolve a mente, as emoções, o corpo e a natureza espiritual.

O milagre da uida

A complexidade de nosso ser total levou o salmista a escrever: "Eu te louvo porque me fizeste de modo especial e admirável" (Salmo 139:14). Como podia Davi (um rei, nem mesmo um fisiologista) saber que ele fora feito de "modo especial e admirável"? Ele escreveu há quase 3 mil anos, muito antes de existirem microscópios, máquinas de raio-X, tomografias computadorizadas e imagens com ressonância magnética. Davi não fazia a menor ideia do que era uma célula, muito menos sobre suas miríades de partes fantasticamente complexas. O que ele sabia sobre reprodução celular ou síntese proteica? O monarca não conseguiria nem reconhecer o que é uma proteína.

Davi nunca ouvira falar sobre DNA e, sem dúvida, sua mente não conseguia entender como um único ser humano tem 20 trilhões de metros de DNA (nem a nossa, para falar a verdade) e que nosso conjunto total de genes (o genoma) tem mais de 3,5 bilhões de letras. O que ele sabia sobre como as células brancas do sangue lutam contra invasores ou sobre os vários passos na cascata enzimática que levam à coagulação do sangue?

Mesmo assim, ele sabia o suficiente para reconhecer o milagre que é nossa existência e para louvar ao Deus que nos fez.

Inteireza em um mundo fragmentado

Por mais que tenhamos sido formados de modo admirável, ainda somos seres pecadores em um mundo caído (ver Gênesis 3). Por isso, estamos suscetíveis à doença, dor e morte. Em última instância, somente a redenção encontrada em Jesus, que chegará ao clímax na segunda vinda, trará restauração e cura completas a nós. Até então, "nosso primeiro dever para com Deus e os nossos semelhantes é o do desenvolvimento próprio. Cada faculdade com a qual o Criador nos dotou deve ser cultivada no mais alto grau de perfeição, a fim de que sejamos capazes de realizar a maior soma de bem que nos seja possível. Por isso, o tempo gasto no estabelecimento e preservação da saúde é um tempo bem aproveitado".[7]

Sem dúvida, a mulher que falou com Annie Dillard estava certa: fomos "colocados aqui". No entanto, a parte do "e ninguém não sabe por quê" errou completamente o alvo. Nós sabemos muito bem o porquê. Fomos "colocados aqui" porque, como diz a Bíblia, foi Deus "que nos fez, e não nós a nós mesmos" (Salmo 100:3, ACRF). Sim, Deus nos fez, moldando Adão do pó da terra, para depois inspirar vida e consciência no pó moldado, a fim de que se tornasse um "ser vivente" (Gênesis 2:7). O Senhor nos trouxe à existência com um propósito: aproveitar a vida em toda sua plenitude e riqueza e conhecer o amor de Deus em toda sua beleza. Em cada coração existe um vazio doloroso que só Ele é capaz de preencher. Quando Deus ocupa o vazio interior, torna-se o real propósito de vida e nossa alegria é completa.

Nossa existência é um milagre, e nossa vida, um dom precioso (pergunte a quem a está perdendo). Assim como todos os dons preciosos, precisamos apreciá-la e cuidar dela. Isso inclui fazer nosso melhor para desenvolver e conservar os componentes físico, mental e espiritual de um ser humano formado à imagem de Deus. Somos administradores do dom da vida, o presente mais precioso de todos. Não há tarefa mais importante do que viver com saúde em abundância, a fim de honrar o Criador, servir aos outros e aproveitar a vida ao máximo.

---

[1] Annie Dillard, *The Annie Dillard Reader* (Nova York: HarperCollins, 1994), p. 281.

[2] O iPad é um *tablet*, um tipo de aparelho menor do que um laptop e usado por meio de ícones sensíveis ao toque em sua tela, em vez de um teclado. Foi desenvolvido pela empresa Apple.

[3] Alex Rosenberg, *The Atheist's Guide to Reality: Enjoying Life Without Illusions* (Nova York: W. W. Norton, 2011), p. 2.

[4] Ellen G. White, *Patriarcas e Profetas* (Tatuí, SP: Casa Publicadora Brasileira, 2001 [CD-Rom]), p. 44.

[5] John Lennox, *God's Undertaker: Has Science Buried God?* (edição para Kindle), p. 71.

[6] Stephen Hawking, citado por David Deutsch, *The Fabric of Reality: The Science of Parallel Universes – and Its Implications* (Nova York: Penguin, 1997), p. 177-178.

[7] Ellen G. White, *Conselhos Sobre Saúde* (Tatuí, SP: Casa Publicadora Brasileira, 2001 [CD-Rom]), p. 107.

Alimentação Milagrosa

Coma melhor e viva mais

uponha que você acabou de comprar o carro dos seus sonhos: um Porsche Panamera, um Mercedes-Benz S-Class ou um Audi A8. Você cogitaria colocar o pior tipo de combustível existente, pular as trocas de óleo ou ignorar por completo as revisões sugeridas pelo fabricante? É claro que não! Quem acabou de desembolsar mais de 600 mil reais por um carro de luxo seria extremamente cuidadoso em mantê-lo nas melhores condições.

O corpo humano é muito mais belo, complexo e finamente sintonizado do que qualquer automóvel. É uma proeza da inteligência infinita de engenharia. Pense nas maravilhas de uma única célula, a complexidade do cérebro, os detalhes minuciosos do coração ou no milagre divino do nascimento. Ficamos perplexos diante do projeto cuidadosamente idealizado do corpo humano. O amoroso Criador Se dedicou ao máximo para nos formar; e, assim como um carro de luxo, nosso corpo também necessita do melhor combustível para dar energia à vida. Esse combustível provém da comida que ingerimos. Sem combustível de qualidade, o carro de luxo reduz o número de quilômetros por litro, perde potência, e o motor não funciona tão suavemente. Sem a nutrição apropriada, o corpo também não funciona de maneira adequada.

Uma dieta equilibrada, formada pela seleção dos melhores alimentos, provê os nutrientes essenciais necessários para o crescimento, a conservação e a energia. Quando escolhemos comida de baixa qualidade ou não comemos o suficiente até mesmo dos melhores alimentos, a máquina do corpo sofre. E, quando comemos alimentos refinados em excesso, podemos ficar acima do peso e com carência de nutrientes vitais. Aquele que nos fez Se importa com nossa saúde, e nós também devemos fazê-lo. Com certeza, o apóstolo João ecoava o desejo do coração do Senhor ao dizer: "Amado, oro para que você tenha boa saúde e tudo lhe corra bem, assim como vai bem a sua alma" (3 João 2).

Cuidar do corpo não é algo que fazemos em acréscimo ao fato de sermos cristãos. Trata-se de algo que está no centro do plano de Deus para nossa vida. Não entenda mal. O caminho para o Céu não é pela alimentação. Somos salvos somente pela graça (Efésios 2:8). No entanto, podemos falhar em cumprir o propósito divino para nossa vida por causa de maus hábitos alimentares, que trazem doenças prematuras evitáveis e até mesmo a morte. Não se engane: aquilo que comemos é importante.

Entenda a boa nutrição

Proporcionamos energia ao corpo por meio dos alimentos que escolhemos comer. Eles fornecem os nutrientes essenciais para uma vida saudável e produtiva. A digestão é o processo complexo de reduzir os alimentos em seus blocos construtores individuais para que o corpo possa assimilá-los e usá-los a fim de manter a vida. O processo começa na boca, passa para o estômago, em seguida para o intestino delgado e, por fim, chega ao intestino grosso.

Podemos dividir os nutrientes de que o corpo necessita nas seguintes categorias importantes:

• **Carboidratos:** Em uma dieta com "combustível *premium*", a maior parte dos carboidratos deve se originar de fontes ricas e não refinadas, como cereais integrais, legumes, frutas e verduras.

• **Proteínas:** Todas as células do corpo contêm proteínas, e a reparação e o crescimento de tecidos precisam delas. Embora quase todos os alimentos contenham um pouco de proteína, produtos animais como leite e ovos são boas fontes, mas não as únicas. Os legumes (feijões) são uma excelente fonte de proteínas.

• **Lipídeos:** São as fontes concentradas de energia, as gorduras. Com frequência, ingerimos lipídeos demais porque gostamos do sabor que eles conferem aos alimentos. Muitas pessoas preferem comer batatas fritas em vez de cozidas. As castanhas em quantidade moderada fornecem lipídeos de excelente qualidade. O corpo necessita dessas gorduras para absorver as vitaminas lipossolúveis.

• **Vitaminas:** São componentes orgânicos essenciais da alimentação, necessários em pequena quantidade para o crescimento e as atividades normais. A maioria está naturalmente presente nos diversos alimentos. Algumas são lipossolúveis e outras, hidrossolúveis. Quando não temos um suprimento suficiente delas, segue-se uma carência.

• **Minerais:** Esses elementos inorgânicos são vitais para a saúde humana. É fácil obtê-los em alimentos de origem animal e vegetal. Também é possível ter carência deles quando se ingere muito pouco.

• **Antioxidantes e fitonutrientes:** Os cientistas já identificaram centenas dessas substâncias, que protegem o corpo de doenças e de alguns efeitos do envelhecimento. Podemos encontrá-las principalmente nos cereais integrais, nas frutas, verduras e castanhas.

Você necessita de todas essas categorias de alimentos a fim de desfrutar boa saúde. O segredo está na combinação delas.

Um plano alimentar simples

Qual é a melhor alimentação para uma saúde excelente? Pense na alimentação que Deus deu a nossos primeiros pais no jardim do Éden. Em Gênesis, o primeiro livro da Bíblia, o próprio Deus nos oferece um cardápio para a boa saúde: "Eis que lhes dou todas as plantas que nascem em toda a terra e produzem sementes, e todas as árvores que dão frutos com sementes. Elas servirão de alimento para vocês" (Gênesis 1:29). A dieta original do Criador era baseada nas plantas. Quando Adão e Eva deixaram o jardim, o Senhor acrescentou a "erva do campo" (Gênesis 3:18, ARA) ou os vegetais de raiz. Esse é o menu do Mestre. Ao basear nossa dieta em alimentos sabiamente escolhidos, em quantidade adequada, dentro das categorias a seguir, é fácil suprir muito bem nossas necessidades nutricionais:

• **Cereais e grãos:** Eles devem formar a base de nossa alimentação; incluem pão integral, massas, arroz e milho. Quando escolhidos a partir de fontes não refinadas (sem ser brancos), todos são ricos em fibras, carboidratos complexos e em diversas vitaminas e minerais.

• **Frutas e verduras:** Esses alimentos existem em uma ampla variedade de cores, sabores e texturas; são as mais ricas fontes de fitonutrientes protetores, antioxidantes, vitaminas e minerais. Muitas pessoas parecem preferir as frutas às verduras, mas precisamos de um equilíbrio entre ambos. Os alimentos mais coloridos deste grupo costumam ter as maiores quantidades de fitonutrientes e antioxidantes.

• **Legumes, castanhas e sementes:** Os legumes, como feijões, ervilhas e lentilhas, são excelentes fontes de proteínas do bem, assim como de minerais, vitaminas e outros elementos protetores. As castanhas e as sementes fornecem os óleos essenciais; mas, por serem uma fonte concentrada de calorias, devemos limitar o consumo delas a no máximo duas porções por dia. Os não vegetarianos podem incluir peixe, carne branca e vermelha neste grupo. No entanto, esses alimentos, se consumidos, devem ser ingeridos em quantidade moderada. Alguns optam por incluir laticínios e ovos em sua dieta. É importante reconhecer que todos os produtos de origem animal possuem alto índice de colesterol, que pode contribuir para a doença arterial coronariana. Embora as fontes animais forneçam muitos nutrientes importantes, inclusive cálcio e vitamina B_{12}, oferecem alguns riscos à saúde. A vitamina B_{12} só é encontrada em produtos de origem animal. Ela previne a anemia recorrente e disfunções neurológicas, além de promover a divisão celular normal. É vital que aqueles que não consomem produtos animais incluam alimentos enriquecidos com vitamina B12 em quantidade suficiente ou tomem um suplemento regularmente.

• **Gordura, óleo, doces e sal:** O corpo necessita de tais alimentos somente em pequena quantidade. Embora os óleos essenciais e o sódio sejam vitais para a boa saúde, o excesso dessas substâncias pode causar sérios problemas de saúde. O iodo é um mineral necessário que pode ser consumido com facilidade por meio do uso de sal iodado. Ele também pode ser obtido no sal marinho, nas algas ou em forma de suplemento. Não necessitamos de açúcar refinado para ter uma boa saúde; mas, em pequena quantidade, ele acrescenta paladar e sabor aos alimentos.

Os cientistas da nutrição reconhecem hoje que os alimentos de origem vegetal devem formar a base da alimentação saudável a fim de manter a boa saúde e reduzir o risco de doenças. Um dos segredos mais importantes para ter uma dieta equilibrada baseada em plantas é escolher uma variedade de comidas cujas cores, texturas e cujos sabores acrescentem interesse a ela. Esses alimentos são mais nutritivos quando consumidos assim como se encontram na natureza: não refinados. Os alimentos integrais devem ser o alvo.

Atualmente, a medicina reconhece as vantagens de uma alimentação vegetariana. A dieta vegetariana baseada em plantas é:

• Pobre em gordura, sobretudo gordura saturada.
• Pobre em açúcar refinado.
• Sem colesterol (em uma dieta estritamente vegetariana).
• Rica em fibras.
• Rica em fitonutrientes protetores e antioxidantes.
• Rica em fontes de vitaminas e minerais.

Depois de destacar as vantagens de adotar determinadas categorias de alimentos, especialmente de uma dieta vegetariana, vamos agora ver o que levar em conta ao escolher os alimentos.

Princípios para escolher os alimentos

Uma alimentação saudável requer boas escolhas alimentares. Tenha em mente os seguintes princípios simples:

• **Variedade:** O princípio mais importante para comer bem é escolher uma variedade de alimentos. Isso garante uma ampla gama de nutrientes para manter o corpo saudável. As texturas, as cores e os sabores variados aumentam o prazer de comer.

• **Qualidade:** Escolha alimentos integrais em sua maioria, não os refinados. Eles são ricos em nutrientes, em vez de ricos em calorias.

• **Moderação:** Alguns componentes importantes de uma alimentação saudável devem ser consumidos em pequena quantidade. O corpo requer uma porção adequada de óleos essenciais e uma pequena quantidade de sal para manter nossos eletrólitos. No entanto, não podemos desconsiderar que a obesidade é um problema crescente no mundo. É possível comer demais até mesmo alimentos bons! Devemos equilibrar a quantidade de energia que consumimos com a energia que gastamos em atividades físicas para nos mantermos dentro do peso saudável.

• **Abstinência:** Os alimentos muito refinados, dos quais se extraiu grande parte dos elementos nutritivos, devem ser evitados, bem como comidas e bebidas sem valor nutricional (por exemplo, álcool, café e refrigerantes).

Algumas pessoas comem como se não acreditassem que faz diferença aquilo que consomem; porém, faz sim. O Dr. Gary Fraser, célebre cardiologista e pesquisador, explica como as escolhas alimentares e o estilo de vida afetam nossa longevidade e qualidade de vida: "No início de minha carreira médica e científica, ficaram claras as grandes vantagens da prevenção, em vez de esperar pelo tratamento de uma doença já estabelecida. A despeito dos grandes avanços da medicina moderna, os custos, o eventual desconforto e a falta de garantia de cura tornaram o tratamento médico uma abordagem inferior ao controle da doença. Meus colegas e eu tivemos a oportunidade de reunir dados com rigor científico para investigar o valor de uma alimentação vegetariana. Depois de muitos anos de pesquisa realizada por nós (e por outros grupos), a evidência agora é clara. A dieta baseada em plantas fornece uma série de vantagens em relação à que contém carne."

Ele continua: "Hoje temos evidências publicadas em muitos periódicos médicos de que os adventistas norte-americanos vegetarianos, em comparação com os adventistas não vegetarianos, têm menos hipertensão, menor índice de colesterol LDL [o ruim], menor nível de glicemia em jejum e insulina, menor índice de proteína C reativa [elemento associado à inflamação], menos diabetes e muito menos problemas com excesso de peso e obesidade. Além disso, há evidências claras de mortalidade moderadamente inferior entre adventistas vegetarianos, quando comparados com os não vegetarianos. Isso se aplica sobretudo a doenças cardiovasculares, dos rins e ao diabetes. A frequência de alguns tipos de cânceres também parece menor entre os vegetarianos."

De acordo com o Dr. Fraser, estudos com 34 mil adventistas da Califórnia nas décadas de 1980 e 1990 demonstraram que, como grupo, os homens adventistas viviam sete anos a mais e as mulheres quatro anos a mais do que seus conterrâneos não adventistas, transformando-os em uma das populações mais longevas já registradas. A *National Geographic* citou a cidade de Loma Linda, na Califórnia (representando, na verdade, os adventistas da Califórnia), como uma "zona azul" dos Estados Unidos, termo usado para se referir a uma área de longevidade incomum. O Dr. Fraser afirma: "Tão importante quanto isso é o fato de havermos demonstrado, em todo o país, que a cada década de vida, os adventistas desfrutam mais qualidade física e mental de vida do que seus companheiros não adventistas. Portanto, parece que os anos a mais de vida são anos vividos com boa qualidade."

A observação do Dr. Fraser fala ao desejo de cada um de nós. Todos desejamos qualidade de vida. Não queremos apenas acrescentar anos à nossa vida, mas vida a nossos anos. De que valeriam alguns anos a mais se eles fossem totalmente miseráveis?

É por isso que Jesus nos instruiu: "Nem só de pão viverá o homem, mas de toda palavra que procede da boca de Deus" (Mateus 4:4). As palavras de Deus nos dão esperança e coragem para enfrentar os desafios mais difíceis da vida. Elas nos oferecem paz e propósito para a vida.

Jeremias, profeta do Antigo Testamento, exclamou: "Quando as Tuas palavras foram encontradas, eu as comi; elas são a minha alegria e o meu júbilo, pois pertenço a Ti, Senhor Deus dos Exércitos" (Jeremias 15:16). Assim como a boa comida nutritiva alimenta o corpo, a Palavra de Deus nutre a alma.

No íntimo de cada um de nós, esconde-se uma alma faminta por conhecer a verdade sobre o sentido e o propósito da vida. Conforme já vimos, a Bíblia revela de onde viemos, por que estamos aqui e para onde vamos. Ela nos conta que fomos criados por um Deus amoroso que Se importa conosco mais do que imaginamos. É um Deus que nunca nos abandona. Ele quer que estejamos no Céu mais até do que nós desejamos estar lá. A Bíblia retrata um Deus de esperança extraordinária, que está preparando um banquete eterno para nós em breve. Até lá, o Senhor nos convida a cuidar do corpo aqui na antecipação de viver com Ele na Terra renovada. Portanto, dedique seu corpo a Deus e escolha honrá-Lo com aquilo que você come e bebe. Aguarde com expectativa o dia em que se assentará ao redor de um trono e comerá com o Senhor em um banquete real.

O PESO DA OBESIDADE

Mude o estilo de vida e evite riscos desnecessários

Joe estava cansado e com o fôlego curto. Mesmo as tarefas físicas mais simples, como andar pela casa ou até o carro, o deixavam resfolegando. Ele sentou no consultório médico desanimado e aflito. Não perdera peso nenhum desde sua consulta anterior, dois meses antes. Para piorar as coisas, continuava fumando e a glicose estava muito acima do normal nos exames. Apesar disso, era incapaz de resistir às rosquinhas açucaradas que comia todas as manhãs, acompanhadas de café bem adoçado ou de refrigerante. Em decorrência do diabetes tipo 2, do fumo, da obesidade e do estilo de vida extremamente sedentário, Joe tivera o primeiro ataque cardíaco dois anos antes, aos 35. Foi intenso, deixando-o com uma grande cicatriz no músculo cardíaco e com uma falha no coração.

Um pouco envergonhado, Joe expressou com nervosismo sua preocupação para o médico:

– Bem, doutor, eu sabia que o senhor não ficaria feliz com minha falta de progresso em perder peso e porque ainda fumo; mas, se quer saber, não estou tragando. Desculpe, doutor! Não queria desapontá-lo.

O médico gentilmente o incentivou a continuar tentando, e o lembrou do dano que o ataque cardíaco havia causado à capacidade de bombeamento do coração, do diabetes descontrolado, do consumo contínuo de cigarros e do excesso de peso. Disse também que, se Joe não fizesse mudanças drásticas, iria morrer jovem.

A resposta dele chama atenção:

– E o transplante de coração? Já ouvi falar sobre isso. Será que posso receber um coração novo?

– Gostaria que fosse simples assim – respondeu o médico. – Não há tantos doadores e é necessário tomar muita medicação ao longo dos anos seguintes. É um último recurso que pode ajudar, mas se limita a relativamente poucos. Você precisa fazer mudanças no estilo de vida agora mesmo.

Finalmente, Joe entendeu a seriedade de sua condição e começou a mudar sua maneira de viver.

Assim como Joe, milhões de pessoas ao redor do mundo lutam com doenças não transmissíveis: enfermidades cardíacas, cânceres, doenças respiratórias e diabetes. Elas têm quatro fatores de risco em comum: consumo de tabaco, sedentarismo, ingestão de álcool e alimentação prejudicial. Você pode estar correndo risco e nem se dar conta.

A pandemia da obesidade

Um dos problemas mais sérios hoje em dia, causado por pelo menos dois dos fatores mencionados, é o excesso de peso. A obesidade assumiu proporções tão grandes que os profissionais de saúde começaram a considerá-la pandemia. Quando uma doença atinge alto índice em uma comunidade ou região geográfica, a medicina a chama de *epidemia*; mas, quando ocorre em muitas partes do mundo ao mesmo tempo, recebe o nome de *pandemia*.

Segundo a Organização Mundial de Saúde, morrem no mínimo 2,8 milhões de pessoas por ano como resultado direto de estarem acima do peso ou de serem obesas. Tanto países pobres quanto ricos são afetados. A obesidade não é mais uma característica exclusiva das sociedades de alta renda.

Você pode calcular o índice de sobrepeso ou obesidade, definido como "acúmulo excessivo ou anormal de gordura que pode prejudicar a saúde", descobrindo seu índice de massa corporal (IMC). Para fazer a conta, divida seu peso em quilos pelo quadrado da sua altura em metros. Se o seu IMC for maior ou igual a 25, você está acima do peso; se for maior ou igual a 30, está obeso. Em ambos os casos, é bom começar um programa de mudanças de estilo de vida.

Por exemplo, se você pesa 60 quilos e tem 1,70 metro de altura, seu IMC será:

IMC = 60 / (1,7 x 1,7) = 20,8 (você está dentro da categoria normal).

Se não quer ter o trabalho de fazer as contas, procure uma calculadora de IMC na internet. Há muitas disponíveis.[1]

Classificação do IMC	
Abaixo do peso	< 18,5
Peso normal	18,5 – 24,9
Sobrepeso	≥ 25,0
Pré-obesidade	25,0 – 29,9
Obesidade	≥ 30,0
Obesidade grau I	30,0 – 34,9
Obesidade grau II	35,0 – 39,9
Obesidade grau III	≥ 40,0

O que seu IMC diz? Você corre risco? Está acima do peso? Sua pressão arterial é normal? Você ingere grandes porções de comida gordurosa, rica em calorias, refinada e processada? Sua alimentação provém principalmente de estabelecimentos de *fast-food*? Se esse for o caso, você certamente terá problemas de saúde ou talvez já tenha.

A mídia anuncia muitos planos "milagrosos" de perda de peso, mas o melhor e mais seguro é a mudança radical do estilo de vida, como este livro propõe.

Obesidade + diabetes = "diabesidade"

Vários problemas de saúde resultam da obesidade, inclusive risco maior de doenças cardíacas, pressão arterial alta e alguns tipos de câncer. No entanto, um dos problemas mais comuns é o diabetes, no qual nos concentraremos aqui. Quase 350 milhões de pessoas no mundo têm diabetes, o equivalente a aproximadamente 1 em cada 20 habitantes do planeta! Dentre os países com a maior probabilidade de aumento de diabetes até 2030 estão a China, a Índia e os Estados Unidos. Eles saem na frente de muitos outros, tanto ricos quanto pobres.[2] A obesidade, definida como a condição da pessoa que pesa 20% ou mais do que o peso normal para sua altura, é o principal fator de risco para desenvolver diabetes do tipo 2. Até 80% dos indivíduos com diabetes tipo 2 são obesos. As duas condições, diabetes e obesidade, estão de tal modo ligadas que muitos especialistas em saúde se referem a elas como uma só doença, que apelidaram de *diabesidade*.

O índice de diabetes aumentou drasticamente na população em geral nos últimos anos, assim como a incidência de obesidade, o principal fator de risco para o diabetes. Estima-se que 3,4 milhões de pessoas morrem todos os anos ao redor do mundo por complicações relacionadas ao diabetes. A Organização Mundial de Saúde projeta que o diabetes será a sétima causa de morte até o ano 2030.[3] Se o diabetes é um inimigo tão mortal, então é importante saber como vencê-lo.

O que é diabetes?

Um complexo sistema de vasos sanguíneos percorre nosso corpo. São como "canos" que variam desde aproximados 2,5 centímetros até 0,0005 centímetro, tão finos que têm espaço para apenas uma célula vermelha do sangue passar de cada vez. O sangue transporta todos os nutrientes necessários para que cada célula de nosso corpo desempenhe suas funções corretas. A fonte de energia das células é uma forma simples de açúcar chamada *glicose*. Glicose (açúcar) demais pode prejudicar as células. Por isso, o corpo tem um modo extraordinário de regular a quantidade de açúcar no sangue. Ele o faz por meio da *insulina*, substância produzida pelas células do pâncreas.

O diabetes é uma doença crônica na qual a quantidade de açúcar transportada pelo sangue não é regulada como deveria. Ou o corpo não produz insulina normalmente (diabetes tipo 1, também conhecida como T1DM), ou desenvolve resistência à insulina, significando que o açúcar não é controlado de maneira eficaz (diabetes tipo 2, ou T2DM).

Um terceiro tipo de diabetes pode se desenvolver em gestantes que não tinham a doença antes. Ocorre com maior frequência a partir dos três meses de gravidez. A obesidade na gestação é o principal fator de risco para a obesidade na infância. Ela também aumenta o potencial para pressão alta e outras complicações graves durante a gravidez. Os bebês de mães obesas têm maior probabilidade de nascer com defeitos congênitos e problemas no coração.[4]

A diabesidade durante a gestação pode causar complicações significativas tanto para a mãe quanto para a criança. O elevado índice de glicose materno danifica o delicado funcionamento das células do bebê, levando à morte celular e a um maior índice de anormalidades na criança.

As pessoas que têm diabetes costumam reclamar de urinar em volume muito grande. O alto índice de açúcar no sangue passa para a urina. A grande quantidade de fluidos (e de açúcar) perdida pela urina estimula o mecanismo da sede, levando a pessoa a tomar muita água para compensar. Isso pode levar à perda de peso corporal, resultando, a longo prazo, em dano aos nervos e vasos sanguíneos, o que, por sua vez, pode provocar ataque cardíaco, derrame e falha renal. A destruição de vasos sanguíneos negligenciados pode ocasionar gangrena nos membros.

Prevenção e controle do diabetes

O controle cuidadoso do nível de açúcar no sangue previne os efeitos negativos da diabesidade e melhora a gestação, mas não é tão fácil de conseguir. Uma alimentação pobre em carboidratos refinados e gordura saturada, combinada com exercícios moderados, tem potencial para melhorar a saúde da mãe e do bebê, uma vez que essas mudanças no estilo de vida ajudam a controlar o peso durante a gravidez. Para as mulheres com obesidade mórbida (excessiva) que fazem planos de engravidar, as intervenções cirúrgicas podem ser alternativas úteis à alimentação e ao exercício, a fim de controlar o peso e evitar o desencadeamento do diabetes, ou ajudar a revertê-lo. Por meio de um monitoramento rigoroso e da adesão radical a um plano de vida saudável, é possível evitar a diabesidade e suas complicações.

Os diabéticos devem controlar com cuidado o nível de açúcar no sangue e, às vezes, podem precisar de insulina (injeções), mais comum no diabetes tipo 1. Alguns pacientes com diabetes tipo 2 precisam de tabletes para baixar o açúcar, mas o esteio do tratamento é uma alimentação baseada em plantas, rica em frutas frescas, verduras e castanhas, pobre em carboidratos refinados e gorduras saturadas. As mudanças no estilo de vida, como exercícios e perda de peso, podem evitar ou atrasar o desencadeamento do diabetes tipo 2.

A Associação Americana de Diabetes considerou o valor de uma alimentação baseada em plantas e fez a seguinte observação: "A dieta vegetariana é uma opção saudável, mesmo para quem tem diabetes. As pesquisas indicam que esse tipo de alimentação pode ajudar a evitar e controlar o diabetes. [...] A dieta vegana [somente plantas] é naturalmente mais rica em fibras, com um teor muito inferior de gordura saturada e livre de colesterol, quando comparada com a alimentação norte-americana tradicional. [...] O alto teor de fibras desta dieta pode ajudar a saciar por mais tempo depois de comer e ajuda a pessoa a comer menos ao longo do tempo. [...] Ela também tende a custar menos. Carne vermelha, aves e peixes costumam ser os alimentos mais caros que consumimos."[5]

Essas mudanças no estilo de vida trazem benefícios imensos e não são muito caras. Embora exijam compromisso e tempo, ajudam a manter o nível de glicose perto do normal, evitando danos aos olhos, rins e vasos sanguíneos, sobretudo dos membros inferiores.

O médico e pesquisador britânico Denis Burkitt estava certo quando comentou: "Se as pessoas estiverem caindo constantemente de um abismo, você pode colocar ambulâncias embaixo do abismo ou construir uma cerca em cima. Temos colocado ambulâncias demais embaixo."

Muitas pessoas dizem basicamente o seguinte: "Doutor, deixe-me viver como eu quero, comer o que quero, fumar e beber o quanto quero, e depois me dê uma pílula mágica para ficar bem." Contudo, há uma maneira muito melhor do que descumprir as leis da saúde e ficar na expectativa de que tudo continue bem. Em vez disso, podemos construir "cercas" para proteger a nós e nossos filhos de doenças prematuras e morte. Podemos fazer isso por meio de uma alimentação natural, exercícios regulares, descanso adequado, consumo de bastante água, relacionamentos saudáveis e fé em um Deus que Se importa de verdade conosco. Temos um desafio enorme e também uma grande oportunidade. É melhor prevenir do que chamar uma ambulância. A prevenção não é simplesmente melhor do que a cura; é a cura em si. Nós, adultos, temos o privilégio de ser modelos de comportamento saudável para nossos filhos, protegendo-os da assoladora pandemia.

Ao mesmo tempo, nossa saúde será beneficiada. Precisamos ser fisicamente ativos e incentivar nossos filhos a se exercitarem também. Precisamos arquitetar de maneira responsável as escolhas deles, provendo as opções alimentares mais saudáveis como prioridades no orçamento. Isso se aplica, em especial, às grávidas, que moldam as escolhas dos filhos e sua saúde futura, ou mesmo a falta dela.

A Bíblia tem ótimos conselhos e incentivos para orientar nossos filhos, bem como nossas decisões na área de saúde e no comportamento geral. "Instrua a criança segundo os objetivos que você tem para ela, e mesmo com o passar dos anos não se desviará deles", diz Salomão (Provérbios 22:6). Vemos a importância da repetição das instruções e do exemplo bem descritos no seguinte conselho acerca da lei e das orientações divinas: "Que todas estas palavras que hoje lhe ordeno estejam em seu coração. Ensine-as com persistência a seus filhos. Converse sobre elas quando estiver sentado em casa, quando estiver andando pelo caminho, quando se deitar e quando se levantar" (Deuteronômio 6:6, 7). Em nosso papel de pais, necessitamos investir tempo, amor, exemplo e perseverança desde a concepção do bebê até ele se tornar independente do cuidado paterno.

As Escrituras nos lembram de que fomos feitos "de modo especial e admirável" (Salmo 139:14). Portanto, nossa resposta de louvor e gratidão deve ser honrar o Criador em todas as coisas: "Assim, quer vocês comam, bebam ou façam qualquer outra coisa, façam tudo para a glória de Deus" (1 Coríntios 10:31). Ele é fiel em nos ajudar a guiar nossas decisões e escolhas, desde as porções de comida e os alimentos mais apropriados até os exercícios e o descanso. Uma das maiores motivações para manter o corpo em boa saúde é honrar o Deus que nos criou. Existe algo muito maior do que meramente ser saudável por questões de saúde, por mais importante que isso seja, ou pelo desejo de viver mais tempo na Terra. Mesmo seguindo meticulosamente as leis da saúde, todos nós morreremos um dia, a menos que o Senhor volte antes. Nosso corpo não é uma casa de diversões, mas o templo do Espírito Santo, e isso faz toda a diferença.

Alguns anos atrás, o Dr. Albert Reece, diretor da Faculdade de Medicina na Universidade de Maryland, estava ajudando uma mulher que fumara por décadas a largar o hábito. Ela conseguia ficar sem o cigarro por alguns dias, mas depois voltava a fumar. Certo dia, o Dr. Reece, que é cristão, disse para ela que seu corpo era templo do Espírito Santo e que Jesus, por meio do Espírito Santo, desejava habitar nele. Explicou que as escolhas que ela fizesse para cuidar do corpo influenciariam em seu preparo para a eternidade. Mais ou menos uma semana depois, quando a visitou para incentivá-la, ela disse: "Parei. Não fumei desde a última visita. Quando sentia vontade de tragar, visualizava o Espírito Santo engasgando. Não desejei mais contaminar o templo do meu corpo com tabaco. Quero apresentar meu corpo a Jesus na melhor condição possível quando Ele retornar."

Você gostaria de oferecer seu corpo como sacrifício vivo a Jesus como templo para a habitação do Espírito Santo? Que tal convidá-Lo agora para fortalecer sua decisão e seu compromisso com uma vida saudável? Ele virá imediatamente em seu auxílio. Se precisar de uma mudança de coração, o Grande Médico pode fazê-lo, assim como diz a Bíblia em Ezequiel 36:26: "Darei a vocês um coração novo e porei um espírito novo em vocês; tirarei de vocês o coração de pedra e lhes darei um coração de carne." Todos nós necessitamos de ajuda para fazer mudanças no comportamento. Procure ajuda fora de você; busque a ajuda de Deus. A mudança real é impossível sem Ele, mas Deus não a fará sem a sua escolha e cooperação. Peça a ajuda de um amigo ou familiar; busque a oração em conjunto. Você ficará feliz por essa decisão ao experimentar os resultados positivos e desfrutar a vida ao máximo.

---

[1] Por exemplo, www.nhlbi.nih.gov/guidelines/obesity/BMI/bmicalc.htm.

[2] S. Wild et al., "Global Prevalence of Diabetes: Estimates for the Year 2000 and Projections for 2030", "Diabetes Care", n° 27 (2004), p. 1047-1053. Ver também http://www.who.int/mediacentre/factsheets/fs312/en/.

[3] World Health Organization, "Fact Sheet No. 312", disponível em www.who.int/mediacentre/factsheets/fs312/en/.

[4] K. J. Stothard et al., "Maternal Overweight and Obesity and the Risk of Congenital Anomalies: A Systematic Review and Meta-analysis", *JAMA* 301 (2009), p. 636-650.

[5] Disponível em http://www.diabetes.org/food-and-fitness/food/planning-meals/meal-planning-for-vegetarians/.

CORPO EM MOVIMENTO

Adote o exercício certo e potencialize sua saúde

A empolgação enchia o ar. A multidão entusiasmada torcia com toda animação enquanto Roger Bannister corria pela Iffley Track Road em Oxford, Inglaterra. Bannister havia se preparado meticulosamente para a corrida. Totalmente concentrado no objetivo de quebrar o recorde de percorrer uma milha (1,6 km) em quatro minutos, ele seguiu um regime de treinamento com disciplina extrema. A preparação fora intensa, incluindo até mesmo escalada rigorosa de montanhas. Embora Bannister estivesse claramente tentando quebrar o difícil recorde, não era o único: outros ao redor do mundo também concentravam os olhos no mesmo objetivo.

Quando amanheceu o dia 6 de maio de 1954, Roger Bannister soube que havia chegado o momento para o qual ele trabalhara emocional, espiritual, intelectual e fisicamente. Em 5 de maio, ele tinha escorregado em um chão encerado no hospital e passara o restante do dia mancando. Dúvidas, questionamentos, determinação e ansiosa expectativa enchiam sua mente na linha de largada da corrida. Então, acompanhado pelos colegas Chris Brasher e Chris Chataway, Bannister correu a milha em 3 minutos e 59,4 segundos! Ele se apressou até a linha de chegada e conquistou o prêmio: o cobiçado recorde de ser o primeiro homem a correr uma milha em menos de quatro minutos! Roger Bannister precisou de disciplina para alcançar sua meta.

Quase tudo que vale a pena requer esforço e isso se aplica de maneira especial à nossa saúde. Uma boa saúde não é algo que acontece por um golpe de sorte. Não é questão do acaso. Embora cada um tenha uma constituição genética diferente e predisposições distintas a diferentes enfermidades, seguir os princípios de saúde que o Criador escreveu em cada nervo e tecido do corpo contribui para nosso bem-estar geral.

Depois de trabalhar o dia inteiro e sentir-se exausto, é necessário ter muita disciplina para fazer exercício físico. Ou, quando você está cansado e preferiria mastigar uns amendoins enquanto assiste à sua comédia favorita na televisão, é necessário fazer uma escolha determinada para conseguir levantar do sofá e se exercitar.

Agora, não entenda mal. Não estamos incentivando você a ser "Roger Bannister II". Seu objetivo não é tentar correr uma milha em menos de quatro minutos amanhã, mas avaliar em que posição se encontra, consultar o médico e iniciar um programa regular e sistemático de exercícios apropriados para sua idade e habilidade. Para os mais jovens, os exercícios podem ser mais enérgicos do que para aqueles que já são um pouco mais velhos.

O que será preciso para motivá-lo a começar e manter um programa regular de exercícios físicos? Se você ainda não se exercita com regularidade, o que falta para começar?

Elementos essenciais

Exercitar-se é uma boa maneira de começar a mover seu corpo na direção da boa saúde. Hipócrates, o pai da medicina, disse certa vez: "Se conseguíssemos dar a cada indivíduo a quantidade correta de nutrição e exercício, nem pouco demais, nem em excesso, encontraríamos o caminho mais seguro para a saúde". Esse é o desafio do ser humano no século 21. Muitas pessoas passam até oito horas por dia olhando de uma tela para a outra: *smartphones*, iPads,

Kindle e computadores. Se acrescentarmos a televisão, constataremos que passamos mais tempo em frente a telas do que dormindo! Com a crescente mecanização, até mesmo as ocupações manuais exigem menos atividade física. A saúde vibrante requer atividade, movimento e exercício. Ter boa saúde não é apenas deixar de estar doente, mas sentir-se feliz e pleno do ponto de vista físico, mental, social e espiritual. O exercício e as atividades ajudam a transformar isso em realidade.

Acima de tudo, os exercícios fazem parte do pacote total da saúde. Ellen White, uma inspirada educadora de saúde, propôs uma abordagem equilibrada para uma vida saudável que tem resistido ao teste do tempo e da ciência: "Ar puro, luz solar, abstinência, repouso, exercício, regime conveniente, uso de água e confiança no poder divino – eis os verdadeiros remédios. Toda pessoa deve possuir conhecimentos dos meios terapêuticos naturais, e da maneira de os aplicar."[1]

O objetivo do exercício físico é manter ou melhorar o preparo físico e a saúde. As pessoas se exercitam para fortalecer os músculos, melhorar o sistema cardiovascular, controlar o peso, desenvolver habilidades atléticas, melhorar a aparência física, facilitar o bem-estar geral e o estado de alerta mental, além de socializar-se e se divertir. É a coisa mais importante que podemos fazer para aumentar nossa longevidade.

Ellen White compartilha mais uma perspectiva útil: "O corpo é o único agente pelo qual a mente e a alma se desenvolvem para a edificação do caráter."[2] Assim como um forte alicerce é a base da estrutura de uma construção, um corpo em bom funcionamento facilita o desenvolvimento das habilidades mentais do indivíduo e, em última instância, de seu caráter.

Vantagens do exercício

A menos que você exagere ou se exercite de maneira errada, a atividade física sempre é benéfica. Nunca é tarde demais para começar, e um pouco de exercício é melhor do que nenhum.

O exercício facilita a perda sustentável de peso, melhora a postura e a aparência. Também reduz o risco e a progressão de doenças cardíacas, do diabetes, de câncer e do mal de Alzheimer, bem como de morte prematura. Você já se sentiu travado e desejou ter mais flexibilidade? O exercício aumenta a flexibilidade do corpo, fortalece ossos e articulações, protege contra fraturas e constrói músculos saudáveis. Ele ajuda a diminuir a pressão arterial, a frequência cardíaca e o risco de obesidade. Se você se sente cansado demais para se exercitar, lembre-se de que o exercício aumenta a energia, a vitalidade, a velocidade e o desempenho. O preparo físico facilita a recuperação de ferimentos e doenças.

Agora que já refletimos sobre as vantagens físicas do exercício, que tal pensar nos benefícios mentais? Se houvesse uma fórmula mágica para a saúde, o nome dela seria exercício. Uma boa caminhada no parque ou uma corrida em volta do quarteirão melhora o aprendizado, a memória e o funcionamento da mente de modo geral. Também alivia muito o estresse e aperfeiçoa a saúde psicológica. Diminui o risco de depressão e aumenta a autoestima dos que se exercitam. Você já observou que dorme melhor nos dias em que pratica exercício?

O exercício também apresenta benefícios sociais surpreendentes. Facilita a inteligência emocional e a resolução de conflitos, fortalece a intimidade e a vida sexual, além de promover a sensação de felicidade. Uma vez que o exercício aumenta o fluxo de oxigênio que leva células sanguíneas para o cérebro, também melhora nossa capacidade de meditar, orar e estudar a Bíblia. A prática regular de atividades físicas desenvolve nossa habilidade de apreciar as coisas espirituais. Com a energia renovada provinda do exercício, também sentimos maior desejo de servir aos outros.

Princípios

O American College of Sports Medicine, uma das mais destacadas organizações profissionais sobre fisiologia do exercício, criou um modelo para a quantidade saudável de exercício. Cada um de nós precisa de, no mínimo, 150 minutos de exercício moderado por semana. Para a maioria, este é um objetivo possível de alcançar. Tudo o que necessitamos é de uma calçada, uma trilha nas montanhas e um pequeno compromisso de tempo que significa menos de três horas por semana, ou cerca de 30 minutos diários de atividade física. E o mais surpreendente é que você não precisa ser um corredor de primeira categoria ou um bom levantador de peso para fazer exercício suficiente. Basta uma caminhada revigorante de no mínimo 30 minutos por dia. Pesquisas recentes revelam que não necessitamos fazer todo o exercício de uma só vez. Três sessões de 10 minutos proporcionam os mesmos benefícios que uma sessão de meia hora.

É claro que não basta ler e conversar sobre exercício; é preciso praticá-lo. Alguém disse: "Toda a conversa sobre caminhar não substitui o valor de uma boa caminhada." Avalie seus hábitos e decida quais deseja mudar. Não se preocupe se terá sucesso ou não. Simplesmente se comprometa em fazer seu melhor daqui em diante. Então comece!

1. Plano: Há muitos programas de exercícios disponíveis, mas quatro princípios devem ser mantidos em mente: a frequência e a intensidade de seu programa de exercícios, bem como o tempo e o tipo de atividade física que você fará. Sempre consulte o médico antes de começar. Vamos analisar brevemente cada um dos quatro componentes de um bom programa de exercícios:

• A **frequência** está ligada à regularidade de sua prática de exercícios. Para os exercícios cardiovasculares, a maioria dos especialistas sugere uma prática moderada cinco vezes por semana, ou prática intensa três vezes por semana para melhorar a saúde. Para perder peso, você pode precisar se exercitar seis ou sete dias por semana. Para treinos de força, a frequência recomendada é de dois ou três dias não consecutivos por semana, com um intervalo de no mínimo um dia ou dois entre as sessões.

• A **intensidade** envolve o esforço do exercício. A regra geral para os exercícios cardiovasculares é trabalhar em uma zona de frequência cardíaca e se concentrar em intensidades variadas para estimular diferentes sistemas de energia. Nos treinos de força, os exercícios que você faz, a quantidade de peso que levanta, os tipos de atividades que escolhe e as repetições que realiza determinam a intensidade.

• O **tempo** se relaciona ao período gasto em exercício. As diretrizes para atividades físicas sugerem que o alvo deve ser de 30 a 60 minutos por sessão. Isso não quer dizer que você deva começar se exercitando por uma hora. Pode levar algum tempo até você chegar a esse nível de atividade cardiovascular. Comece devagar. Não dá para compensar 10 anos de sedentarismo em um só dia. Sua intensidade e o nível de preparo físico irão determinar a duração do exercício. Quanto mais intensamente você se esforçar, menores serão os treinos.

• Qualquer **tipo** de atividade que aumenta a frequência cardíaca, como correr, caminhar, andar de bicicleta e nadar, pode ser usado como exercício cardiovascular. Os treinos de força incluem qualquer exercício com alguma forma de resistência (elásticos, halteres, aparelhos, etc.) para trabalhar os músculos.

Lembre-se destes quatro princípios:

1. **Frequência:** Exercite-se com regularidade.

2. **Intensidade:** Exercite-se com esforço.

3. **Tempo:** Exercite-se por, no mínimo, 30 minutos diários.

4. **Tipo:** Incorpore tanto exercícios aeróbicos quanto de fortalecimento muscular em seu programa de exercícios.

Seguir este esboço básico de exercícios ajudará você a ajustar seus treinos para evitar o tédio, contusões por excesso e estagnação na perda de peso.

A maneira mais simples de mensurar o exercício aeróbico adequado é adquirir um pedômetro (contador de passos) e andar os 10 mil passos recomendados por dia. Isso garantirá preparo físico pessoal básico.

2. Indicadores: Para que seu programa funcione, sem importar se você é iniciante ou "profissional", confira abaixo algumas dicas úteis.

• Movimente-se. As coisas só irão acontecer se você partir para a ação. Vá em frente.

• Aprenda mais sobre exercícios. Comece a pesquisar assuntos relacionados a seus interesses particulares. Enfatize os aspectos positivos de adotar um estilo de vida saudável: pense, acredite, fale. Comece e recomece, crendo que será bem-sucedido.

• Avalie seu desempenho. Algumas pessoas acham útil manter um diário de quando começam a se exercitar, tomando nota do progresso (é possível encontrar muitos diários de exercício na internet para ajudá-lo).

• Comece. Inicie hoje e não pare. A continuidade é essencial. Lembre-se de que os três maiores entraves ao exercício são: (1) procrastinação, (2) falta de persistência e (3) atitude derrotista. Mesmo que você não atinja todas as suas metas, não desanime. Nunca desista de se exercitar.

Lembre-se de que todo o bem que você fizer para o corpo só complementará e apoiará seus objetivos espirituais e mentais. Exercite-se e aproveite os sentimentos positivos que a atividade física traz. Avalie seu progresso e se mantenha motivado.

Força extra

A boa religião é complementada por bons hábitos de saúde, os quais, necessariamente, devem incluir o exercício. O físico e o espiritual são unidos um ao outro e é bom orar pedindo que ambos prosperem para a glória de Deus. "Amado, oro para que você tenha boa saúde e tudo lhe corra bem, assim como vai bem a sua alma", diz o autor bíblico (3 João 2). Sempre que enfrentarmos problemas, obstáculos ou desafios para fazer a vontade de Deus, que inclui o exercício físico, temos o privilégio de pedir a Ele que nos ajude a fortalecer nossa determinação. Quando escolhemos viver em harmonia com os princípios de uma vida positiva e saudável, o Senhor nos dá forças para fazer a coisa certa. Não estamos sozinhos nessa batalha. Você pode todas as coisas em Cristo, que o fortalece (ver Filipenses 4:13).

Seu corpo é o templo de Deus, por meio do qual Ele Se comunica. O exercício ajuda a manter esse templo em boa forma, para que possa perceber aquilo que Deus deseja que você faça e seja capaz de realizá-lo. Muitas pessoas comem em excesso, têm maus hábitos e não praticam exercícios. Então, oram pedindo que Deus lhes cure o corpo. Não seria um tanto presunçoso de nossa parte pensar que podemos violar conscientemente as leis de uma vida saudável e ter a expectativa de que Deus nos dê saúde? Embora a prática de exercícios não seja a garantia de uma boa saúde, o sedentarismo garante que não a teremos.

Cada dia, planeje passar um pouco de tempo se exercitando. Use esse período para fazer uma oração e entrar em comunhão com o Criador. O exercício levará vigor à mente, ao corpo e ao espírito. Com exercícios e boa saúde, não há espaço para desculpas e procrastinação. Precisamos fazer isso acontecer a fim de conservar a saúde e o bem-estar. Ninguém pode fazer em seu lugar. Agora só depende de você!

---

[1] Ellen G. White, *Conselhos Sobre Saúde* (Tatuí, SP: Casa Publicadora Brasileira, 2001 [CD-Rom]), p. 90.

[2] Ellen G. White, *A Ciência do Bom Viver* (Tatuí, SP: Casa Publicadora Brasileira, 2001 [CD-Rom]), p. 130.

Conexões Vitais

Saiba por que o amor faz bem para o coração

eatriz se assentou no consultório, encurvada na cadeira. Embora tivesse apenas 24 anos, a tristeza escurecia seu olhar. Algo ou alguém lhe havia roubado a alegria. Relutante, concordou que tinha muitos problemas de saúde, mas nunca fora ao médico. Ela contou como os pais a espancavam por fazer xixi na cama desde os três anos de idade. À medida que ficava mais velha, os episódios de incontinência continuavam, assim como as surras. O medo de se machucar por algo que estava além de seu controle se intensificou. Quando se tornou adolescente, ainda tinha dificuldade para controlar a bexiga. Isso sem falar nos sonhos desagradáveis e no péssimo senso de valor próprio. "Sentia vergonha e pensava que ninguém sentiria vontade de se casar comigo", disse ela. "Graças a Deus que me casei."

Depois de sair da casa dos pais e ir morar com o esposo, que era gentil e a incentivava, a incontinência se tornou menos frequente, mas os pesadelos e as dores de cabeça continuavam. Muitas vezes, ela acordava de um pesadelo com a cama molhada. Beatriz também tinha ataques súbitos de pânico, que resultavam em palpitações cardíacas e fôlego curto. Ela nunca contara ao marido a história do abuso que sofrera, temendo que ele não compreendesse. Envergonhada, ansiava por ajuda.

Seus sintomas são comuns em pessoas que têm transtorno de estresse pós-traumático (TEPT), o qual acomete indivíduos que sofreram traumas. Assim como ela, muitas pessoas lutam em silêncio com uma saúde ruim resultante do abuso que pode ter começado quando ainda eram bem novas. Nossos relacionamentos mais profundos e significativos, que acontecem dentro das quatro paredes do lar, podem ter uma influência poderosa em nossa saúde e bem-estar.

Impacto na saúde física

Pesquisas demonstram que relacionamentos de apoio fortalecem o sistema imunológico e aumentam nossa habilidade de combater enfermidades e doenças. Um estudo indicou que três visitas semanais de parentes e amigos íntimos aumentam a função imunológica em idosos.[1] O outro lado da moeda também é verdadeiro. Investigações científicas documentam que relacionamentos abusivos podem prejudicar nossa saúde. A exposição à violência física, sexual ou emocional, ou ao estresse contínuo ligado ao abuso, está ligada a muitos problemas de saúde. Experiências adversas na infância parecem causar vários problemas de saúde posteriormente, na idade adulta.

Os acontecimentos traumáticos da infância incluem "abuso verbal, físico ou sexual e famílias disfuncionais", como nos casos em que se testemunha violência doméstica entre adultos.[2] É trágico pensar que, com frequência, aqueles que têm os elos mais fortes entre si (os familiares) sejam capazes de realizar tais atos de violência. O lar, que deveria ser um pequeno Céu na Terra, um refúgio seguro e um abrigo cheio de carinho e amor, pode se tornar um lugar de dano, perigo e medo dentro de quatro paredes.

Um ambiente prejudicial como esse pode se tornar fonte de estresse crônico, resultando possivelmente em enfermidade e até mesmo em morte. Os adultos que foram abusados quando crianças correm risco até 60% mais elevado de desenvolver diabetes.[3] Estudos sobre negligência na infância também descobriram um risco maior de desenvolvimento de diabetes.[4] A pandemia atual de diabetes torna esses fatos assustadores e preocupantes. Quem imaginaria que o diabetes pode estar ligado ao tipo de relacionamento que temos em casa?

Mas os efeitos negativos sobre a saúde vão além do diabetes e do sistema imunológico. Experiências traumáticas na infância parecem desempenhar um papel no câncer, em doenças cardiovasculares, na obesidade e no sobrepeso, bem como na morte prematura.[5] As evidências sugerem que, se o estresse excessivo enfraquecer o sistema imunológico na infância e o abuso danificar os delicados mecanismos da mente, diversos problemas físicos, mentais e emocionais podem surgir mais tarde.

Impacto mental

Os relacionamentos prejudiciais dentro do lar podem causar mudanças em nosso cérebro. As partes mais afetadas são aquelas que desempenham funções importantes na memória de longo e curto prazo.[6] Além disso, crianças e adultos que são vítimas de violência familiar costumam sentir medo, vergonha e culpa. Tais emoções negativas contribuem para problemas mentais e emocionais que incluem depressão, transtorno bipolar e transtorno de estresse pós-traumático em homens e mulheres.[7]

A vivência de maus-tratos na infância e a pobreza na juventude danificam o sistema imunológico. O corpo daqueles que passaram por essas experiências costuma mostrar um controle anormal da inflamação por problemas de imunidade quando se tornam adultos. Eles também correm mais risco de contrair diabetes. Tal disfunção no sistema imunológico não aparece apenas em caso de abuso infantil, mas também durante conflitos entre cônjuges e companheiros, sobretudo se estes persistirem por um período.

Impacto na saúde pública

Há pesquisas que relacionam o abuso e a violência em todas as suas formas ao aumento da taxa de mortalidade e também a uma influência sobre toda a comunidade. Globalmente, a violência e o abuso se tornaram grandes problemas. Mais de um em cada três homicídios de mulheres ocorre nas mãos de um parceiro íntimo; o responsável, com frequência, é o cônjuge ou companheiro.[8] Tal violência costuma representar o fim de uma longa história de abusos.

Oficiais de saúde pública nos Estados Unidos listam a violência como um entre os oito maiores fatores que afetam a saúde de cidadãos norte-americanos. No Brasil, a diversidade da violência que caracteriza a sociedade, especialmente nos grandes centros urbanos, tem degradado imensamente a qualidade de vida das pessoas. É óbvio que isso tem um efeito negativo na saúde física, emocional e espiritual dos indivíduos e da coletividade. O próprio Ministério da Saúde está preocupado com o problema.[9] Embora esse fenômeno social seja global e venha causando traumas desde tempos imemoriais, ele se torna mais visível e angustiante em certos países.

Fatores de proteção

Felizmente, apesar das muitas consequências negativas de saúde entre os sobreviventes da violência doméstica, ainda há esperança. Nem todos que passam por relacionamentos abusivos desenvolverão tais problemas de saúde. Por meio de algo que costuma ser chamado de resiliência, muitas pessoas conseguem superar os traumas, empregando mecanismos eficazes de lidar com as situações difíceis.

A boa notícia para todos os afetados pela violência doméstica é que esses fatores positivos para lidar com o passado podem ajudá-los a experimentar a cura. Eles incluem: cultivar emoções saudáveis, aprender a ser flexível, desenvolver uma preocupação altruísta pelo bem-estar dos outros, ter apoio social e praticar a fé, religião ou espiritualidade.[10] Aliás, estudos sugerem que a gratidão e o perdão, de maneira específica, podem contribuir poderosamente para a resiliência psicológica diante do trauma e do abuso.[11]

O perdão e a gratidão podem ser bálsamos de cura e fatores de proteção que nos capacitam a lidar com as doenças resultantes de relacionamentos abusivos. Se alguém o feriu profundamente e você não perdoou essa pessoa, está permitindo que ela lhe cause dano pela segunda vez. O espírito não perdoador destrói nossa saúde e nos aprisiona na amargura. Rouba-nos a alegria que Deus deseja que tenhamos. Assim como Jesus perdoou aqueles que O crucificaram mesmo sem que merecessem, podemos perdoar aqueles que nos feriram sem que tenham mérito.

Perdoar não significa ser conivente com as ações da pessoa, nem justificar o que ela fez conosco. Em vez disso, perdoar é libertar o outro de nossa condenação sem que ele mereça, porque Cristo nos libertou da condenação sem que merecêssemos. É como o apóstolo Paulo diz com tanta clareza: "Sejam bondosos e compassivos uns para com os outros, perdoando-se mutuamente, assim como Deus os perdoou em Cristo" (Efésios 4:32).

Uma das dúvidas que as pessoas têm por terem vivenciado o terrível trauma de relacionamentos abusivos é: "Onde está Deus em meio a tudo isso?" Dor e injustiça inundam o planeta. Às vezes, a vida é simplesmente injusta. Vivemos em um mundo de bem e mal, alegria e tristeza, amor e ódio, saúde e doença. Às vezes, trazemos dor sobre nós mesmos por causa de decisões ruins que tomamos, mas há diversas ocasiões em que não fazemos absolutamente nada errado e a aflição parece nos assolar. O trauma sobrevém. Lágrimas rolam. A tragédia toma conta de nós. No entanto, a despeito de toda a injustiça da vida, Deus continua próximo. Ele nunca nos deixará, nem nos abandonará (Hebreus 13:5). Pelo contrário, se permitirmos, Ele nos fortalecerá e encorajará. O Senhor continua a curar quem tem o coração partido, libertar os cativos e livrar os oprimidos (Lucas 4:18).

Há uma verdade bíblica que transforma a vida: Deus é amor (1 João 4:8). Seus atos por nós sempre são amorosos. Ele nunca seria capaz de fazer nada para nos ferir. Quaisquer que tenham sido as experiências dolorosas e traumáticas de sua infância, não foi Deus quem as provocou e certamente você também não é o responsável por elas. Essas feridas foram resultado de escolhas destrutivas feitas por outra pessoa.

Você sente culpa por alguma coisa sobre a qual não tinha controle? Se há um vazio dolorido em seu coração por causa de traumas da infância, traição emocional ou abuso mental e físico, Jesus compreende. Ele próprio foi traído e espancado, ridicularizado e rejeitado. As pessoas mentiram sobre Ele e riram de Sua pessoa. Seus inimigos O amaldiçoaram e crucificaram. Contudo, apesar dessas injustiças terríveis, Ele nunca perdeu a fé no amor e no cuidado do nosso Pai celestial. Cristo é capaz de entender aquilo que você enfrenta, está próximo para curar seu coração e quer lhe conceder nova esperança para a vida.

Você já se perguntou qual é o propósito de todos os relacionamentos humanos? Por que Deus nos dá pai, mãe, irmãos, irmãs, marido, esposa, filhos, filhas e amigos? Cada um desses relacionamentos é parte do plano divino para revelar um aspecto diferente do amor de Deus. Ao longo das Escrituras, Ele é retratado com as qualidades de um Pai forte e carinhoso, de uma mãe terna e compadecida, de um marido amável, de uma esposa afetuosa, de um irmão mais velho protetor, de uma irmã que sabe ouvir e de um amigo fiel. Deus revela Seu amor por meio do prisma dos relacionamentos humanos.

Entretanto, e se um desses relacionamentos se partir por algo que não é nossa culpa? E se, em vez de revelar as qualidades do caráter de Deus, ele mostrar as falhas do pecado e a natureza destruidora do egoísmo? Quando aprendemos a confiar no Senhor, Ele deixa de lado esse relacionamento e preenche nosso coração com o amor que deveríamos ter recebido do pai, da mãe, da irmã, do irmão, do marido, da esposa ou do amigo. Leia os textos bíblicos a seguir e deixe seu coração se alegrar ao reconhecer que Deus pode suprir suas necessidades mais profundas:

"Como um pai tem compaixão de seus filhos, assim o Senhor tem compaixão dos que O temem" (Salmo 103:13).

"Pai para os órfãos e defensor das viúvas é Deus em Sua santa habitação" (Salmo 68:5).

"Haverá mãe que possa esquecer seu bebê que ainda mama e não ter compaixão do filho que gerou? Embora ela possa esquecê-lo, Eu não Me esquecerei de você!" (Isaías 49:15).

"Pois o seu Criador é o seu marido, o Senhor dos Exércitos é o Seu nome, o Santo de Israel é seu Redentor; Ele é chamado o Deus de toda a Terra" (Isaías 54:5).

"Quem tem muitos amigos pode chegar à ruína, mas existe amigo [Jesus] mais apegado que um irmão" (Provérbios 18:24).

Essas são apenas algumas amostras de passagens bíblicas que descrevem o relacionamento íntimo e pessoal que o Pai, o Filho e o Espírito Santo desejam ter conosco. Quando nossa vida é quebrada em pedaços, podemos descobrir nova esperança em um Deus que nos reconstrói e supre tudo aquilo que falta em nosso coração. O amor que flui do coração de um Deus infinito transborda de cura. Nele, a vida é renovada. Por meio de Jesus, podemos ter esperança mais uma vez e, por causa dEle, somos capazes de olhar para o futuro com nova alegria.

[1] J. K. Kiecolt-Glaser et al., "Psychosocial Enhancement of Immunocompetence in a Geriatric Population", *Health Psychology* 4 (1985), p. 25-41.

[2] Centers for Disease Control and Prevention, "Adverse Childhood Experiences Reported by Adults", disponível em www.cdc.gov/mmwr/preview/mmwrhtml/mm5949a1.htm.

[3] V. J. Felitti et al., "Relationship of Childhood Abuse and Household Dysfunction to Many of the Leading Causes of Death in Adults", *American Journal of Preventive Medicine* 14 (1998), p. 245-258.

[4] R. D. Goodwin e M. B. Stein, "Association between Childhood Trauma and Physical Disorders Among Adults in the United States", *Psychological Medicine* 34 (2004), p. 509-520.

[5] Centers for Disease Control and Prevention, "Adverse Childhood Experiences Reported by Adults".

[6] A. Danese e B. S. McEwen, "Adverse Childhood Experiences, Allostasis, AllostaticLoad, and Age-related Disease", *Physiology & Behavior* 106 (2012), p. 29-39.

[7] J. McCauley et al., "Clinical Characteristics of Women With a History of Childhood Abuse: Unhealed Wounds", *JAMA* 277 (1997), p. 1362-1368.

[8] H. Stöckl et al., "The Global Prevalence of Intimate Partner Homicide: A Systematic Review", *Lancet* 382 (2013), p. 859-865.

[9] Ministério da Saúde, *Impacto da Violência na Saúde dos Brasileiros* (Brasília: Ministério da Saúde, 2005), disponível em bvsms.saude.gov.br/bvs/publicacoes/impacto_violencia.pdf.

[10] K. Tusaie e J. Dyer, "Resilience: A Historical Review of the Construct", *Holistic Nursing Practice* 18 (2004), p. 3-8.

[11] A. J. Miller et al., "Gender and Forgiveness: A Meta-Analytic Review and Research Agenda", *Journal of Social and Clinical Psychology* 27 (2008), p. 843-876.

Mente Positiva

Você é aquilo que pensa

Você já se perguntou por que pensamentos negativos às vezes enchem sua mente? Já indagou como transformar esses pensamentos negativos em outros positivos? Já notou o impacto daquilo que você pensa sobre aquilo que faz quando se depara com uma escolha moral importante ou um dilema ético?

Foi feita uma pesquisa com um grupo de voluntários que passaram duas noites sem dormir. No estudo, pesquisadores do exército descobriram que a falta de sono prejudicava a capacidade dos participantes de tomar decisões diante de dilemas morais com carga emocional.[1] Entretanto, o mais significativo foi que, embora alguns voluntários tenham mudado de opinião sobre o que era moralmente aceitável em decorrência da privação de sono, isso não foi unânime. Aqueles que, no início do estudo, tiveram uma pontuação elevada no quociente de "inteligência emocional" não vacilaram quanto ao que consideravam moralmente apropriado.

Esse estudo e vários outros ajudam a confirmar a verdade eterna de que somos aquilo que pensamos. Nosso modo de raciocinar molda nossas respostas à vida. Nossos pensamentos governam aquilo que fazemos. De modo geral, o comportamento segue aquilo que se passa na mente. Agimos segundo as imagens que projetamos na tela de nossa consciência. Fica claro que todos nós devemos esperar enfrentar dilemas morais carregados de emoção pelo menos em alguma circunstância da vida. E, quando isso ocorrer, qual será nossa reação? Em tais ocasiões, a inteligência emocional pode fazer a diferença.

O que é inteligência emocional?

O conceito tradicional de inteligência envolve a capacidade cognitiva ou mental de uma pessoa. O teste de QI (quociente de inteligência) é o meio empregado para mensurá-la. No entanto, em 1983, o psicólogo desenvolvimentista Howard Gardner propôs no livro *Frames of Mind* a teoria das inteligências múltiplas. Em vez de definir inteligência como uma habilidade única, deveríamos entendê-la como um conjunto de oito habilidades (posteriormente ele incluiu mais uma): inteligência naturalista ("especialista em natureza"), inteligência musical ("especialista em música"), inteligência lógico-matemática ("especialista em números/raciocínio"), inteligência interpessoal ("especialista em pessoas"), inteligência corporal-cinestésica ("especialista no corpo"), inteligência linguística ("especialista em palavras"), inteligência intrapessoal ("especialista no eu"), inteligência espacial ("especialista em imagens") e inteligência existencial ("especialista em moralidade").[2]

Então, em 1995, o psicólogo e jornalista científico Daniel Goleman lançou um livro intitulado *Inteligência Emocional*, que ficou entre os mais vendidos em várias partes do mundo. Ele popularizou este tipo de inteligência, normalmente definida como a capacidade sentimental da mente, ou a habilidade de identificar, avaliar e controlar as emoções. De acordo com Goleman, a inteligência emocional possui cinco aspectos distintos:[3]

- Conhecer nossas emoções.
- Administrar nossas emoções.
- Reconhecer as emoções dos outros.
- Administrar os relacionamentos com os outros.
- Motivar-nos a alcançar nossas metas.

Tudo isso é importante, pois sempre necessitamos decifrar e administrar as emoções.

O papel da inteligência emocional

A inteligência emocional (IE ou QE, quociente emocional) não está ligada apenas à tomada de decisões. Estudos mostram que o emprego que a pessoa consegue após se formar na faculdade pode refletir seu QI, mas o quanto ela avança na função tem pouca ligação com ele.[4] O progresso não está relacionado nem mesmo às notas na escola. Em vez disso, está ligado ao QE. O sucesso e a felicidade estão muito mais relacionados ao QE do que a qualquer outra forma de inteligência.

Vários estudos científicos demonstraram que o aumento do QE de uma pessoa evita ou ajuda a tratar depressão, fobias, transtorno obsessivo-compulsivo, transtorno de estresse pós-traumático, anorexia, bulimia e vícios como o alcoolismo.[5] O programa de doze passos dos Alcoólicos Anônimos, por exemplo, alcançou sucesso notável ao redor do globo, mas é quatro vezes mais bem-sucedido se aliado a um programa para melhorar a inteligência emocional.

E as pessoas que não têm vício, nem doença específica? O aumento do QE pode ajudá-las a pensar com mais clareza e a se comunicar com maior eficácia. Favorece a união em contextos de grupo, reduz declarações radicalmente opostas e promove uma vida mais feliz.

Influências sobre a inteligência emocional

Pesquisadores realizaram estudos aprofundados ao longo da última década para descobrir o que influencia o QE. Nossa constituição genética, as experiências da infância, o nível atual de apoio emocional e até o que comemos desempenham um papel.

Bonnie Beezhold demonstrou que uma alimentação baseada em plantas está ligada a um estado de espírito mais saudável tanto em homens quanto em mulheres.[6] A mudança para a alimentação vegetariana reduz o nível de estresse, ansiedade e depressão. Ao que tudo indica, isso acontece porque os alimentos vegetais não contêm ácido araquidônico, gordura inflamatória presente em carnes e peixes.

Nossas atividades causam impacto tanto no QI quanto no QE. Quanto mais televisão uma pessoa assiste, menor é sua criatividade e piores são suas notas.[7] Além disso, essa atividade resulta em falta de controle emocional, o que inclui o aumento de crimes violentos e de natureza sexual.[8] Entretenimento na internet, vídeos e jogos eletrônicos também provocam consequências adversas. É como o apóstolo Paulo afirmou: pela contemplação somos transformados (ver 2 Coríntios 3:18).

Todavia, a maior influência sobre o QE é aquilo em que cremos. Nossas crenças – isto é, a avaliação dos acontecimentos, o modo de pensar sobre os problemas, o diálogo interior silencioso (e, às vezes, nem tão silencioso assim) – moldam nossas emoções em grande medida. Portanto, nossas crenças estão muito mais relacionadas à maneira como nos sentimos do que aquilo que de fato acontece em nossa vida.

Analisemos um exemplo da Bíblia. Autoridades locais prenderam e espancaram cruelmente Paulo e Silas sem realizar um julgamento justo. Então os lançaram em um chão áspero e duro, amarrando-lhes os pés a um tronco (Atos 16:22-24). No entanto, eles cantaram louvores a Deus. Por quê? Porque seus pensamentos eram mais poderosos do que aquilo que estava acontecendo na vida deles.

Podemos aprender e desenvolver inteligência emocional por meio da adesão a uma série de princípios. Vamos ilustrar três deles com exemplos bíblicos.

O caso de Saul

O rei Saul era alto, bonito (1 Samuel 9:1, 2) e rico. Essas características, no entanto, têm pouco que ver com a inteligência emocional. Pensamentos negativos começaram a se desenvolver em sua mente, representando um modo de pensar irracional e distorcido. Conhecemos pelo menos três razões para sua confusão mental. A primeira era a *distorção cognitiva da magnificação e minimização,* ou, em outras palavras, aumentar coisas que não são importantes e minimizar aquilo que é realmente significativo.

Como Saul minimizava? Quando confrontado com a culpa, ele culpava os outros e se justificava (1 Samuel 15:20, 21). "Por que você não fala sobre meus acertos?", reclamou ao profeta Samuel, que o confrontara. "Você está se concentrando em coisas que não fiz certo, as quais, a propósito, nem são tão importantes assim." Ele não aprendia com os próprios erros.

Saul também *ficava remoendo sobre a injustiça de sua vida.* Como resultado de sua culpa, ele recebeu uma sentença e achava que o castigo era maior do que o crime. Será? Afinal, o próprio Deus dera o veredito. Devemos reconhecer que nem todos são tratados com justiça; mas, mesmo em tais situações adversas, concentrar-se na injustiça causará, inevitavelmente, problemas emocionais significativos.

O terceiro aspecto do pensamento distorcido de Saul, ligado à magnificação, era uma *autoestima desproporcional* (versículos 16-19). Também podemos chamá-la de orgulho inflado, que se magoava com facilidade. No caso, seu ego foi ferido pela preferência óbvia do povo e, em especial, das mulheres por outro líder (1 Samuel 18:6-9).

Se não nos empolgamos constantemente pelos aplausos, se temos humildade e não magnificamos o "eu" de maneira distorcida, somos menos propensos a nos deprimir por causa de censura ou decepção. Isso não significa termos um baixo senso de valor próprio. O cristão reconhece que Jesus morreria por apenas um ser humano, atribuindo a cada um de nós valor infinito. No entanto, quando pensamos que somos mais importantes que a pessoa sentada ao nosso lado, por quem Cristo também morreu, caímos no erro da arrogância e do orgulho.

Embora tivesse enorme potencial, Saul levou uma vida egoísta. Nunca confiou em Deus por completo e nunca deixou de lado o orgulho por mais do que alguns dias. Por fim, sob grande estresse e com os inimigos o cercando, sua triste vida terminou em suicídio.

O caso de Salomão

Outra forma de distorção cognitiva é o *raciocínio emocional*, que funciona assim: sinto-me fracassado, logo sou um fracasso; sinto-me sobrecarregado e, portanto, é impossível resolver meus problemas; sinto-me como se estivesse no topo do mundo, logo sou invencível; estou bravo com você e isso prova que você tem sido cruel e insensível comigo. Tal raciocínio emocional costuma resultar em um ciclo vicioso.

No livro bíblico de Eclesiastes, Salomão escreveu: "Eu disse a mim mesmo: Venha. Experimente a alegria. Descubra as coisas boas da vida! Mas isso também se revelou inútil. [...] Não me neguei nada que os meus olhos desejaram; não me recusei a dar prazer algum ao meu coração" (Eclesiastes 2:1,10).

Se alguém está se divertindo, dizia Salomão, quero fazer o que essa pessoa faz. O interessante é que, embora tenhamos hoje muito mais "coisas divertidas" para fazer do que nunca, a depressão é uma epidemia na sociedade. Logo, se as coisas prazerosas conseguissem prevenir ou curar a depressão, deveríamos ver o menor índice de depressão da história. Contudo, não é o caso.

A maioria das "coisas divertidas" que as pessoas fazem hoje causa um pico no nível de dopamina no cérebro, criando uma sensação de prazer, mas que resulta em uma queda radical subsequente para uma quantidade bem inferior à normal. Além disso, quanto mais praticamos tais coisas, menor o pico. Depois de algum tempo, o vício preferido praticamente não nos tira de uma sensação neutra. Nesse meio-tempo, somos tomados por uma sensação profunda e avassaladora de tristeza.

Salomão também escreveu: "Por isso desprezei a vida [...]. Tudo era inútil, era correr atrás do vento. [...] Cheguei ao ponto de me desesperar por todo o trabalho no qual tanto me esforcei debaixo do sol" (versos 17, 20). Ele tinha muito dinheiro, as mais belas casas e os mais lindos jardins, além das mais atraentes mulheres. Seus contemporâneos pensavam que ele deveria ser a pessoa mais feliz do mundo. No entanto, sua autogratificação egoísta não lhe trouxe felicidade. "Por sua própria amarga experiência, Salomão conheceu o vazio de uma vida que busca nas coisas terrenas seu mais alto bem."[9]

Por fim, Salomão mudou de vida. E, se a vida dele de dissipação pôde ser transformada, há esperança para cada um de nós.

Jonatan Martensson indica uma solução para o raciocínio emocional. Ele constata: "As emoções se parecem muito com as ondas. Não podemos impedi-las de vir, mas podemos escolher em qual surfar." E podemos selecioná-las com base naquilo que é verdadeiro e está em harmonia com o plano de Deus para nossa vida.

O caso de Elias

Elias "entrou no deserto, caminhando um dia. Chegou a um pé de giesta, sentou-se debaixo dele e orou, pedindo a morte: 'Já tive o bastante, Senhor. Tira a minha vida; não sou melhor do que os meus antepassados'" (1 Reis 19:4). O profeta do Antigo Testamento não era exageradamente orgulhoso, nem tinha um estilo de vida de condescendência pessoal. Sua vida era simples. Mesmo assim, sofria com uma depressão significativa.

Era um homem que sempre seguia a vontade de Deus e havia acabado de vivenciar a intervenção milagrosa no monte Carmelo. Contudo, no dia seguinte, alguém lhe informou que ele estava prestes a perder a vida, e o profeta entrou em pânico. Elias tinha motivo para temer Jezabel? Sim, pois ela havia matado todos os outros profetas do Senhor. No entanto, em vez de depender da proteção divina, ele fugiu. Quarenta dias depois, estava tão deprimido que queria morrer.

Deus precisou colocar Elias em um programa de recuperação para deprimidos. Assim como muitos que se afundam em depressão, o profeta queria ficar no escuro, dentro da caverna. Deus precisou enviar um terremoto e um vendaval para tirá-lo da caverna e colocá-lo na luz. Depois disso, o Senhor passou ao que era mais importante na recuperação de Elias: terapia comportamental cognitiva para corrigir os pensamentos distorcidos do profeta.

A distorção de Elias era a *generalização exagerada*. "Sou o único que não se prostrou diante de Baal", disse ele. O Senhor deixou passar da primeira vez. Contudo, o profeta repetiu a afirmação falsa, e Deus não podia deixá-lo continuar nesse caminho autodestrutivo de generalização exagerada. "Elias", disse o Senhor, "há outras sete mil pessoas que não se prostraram diante de Baal."

Para ajudar Elias a superar a depressão, Deus lhe deu uma série de tarefas específicas (versos 15, 16). O profeta cumpriu aquilo que o Senhor lhe pediu que fizesse e ele não só se recuperou, mas também foi levado para o Céu sem passar pela morte (2 Reis 2:11).

Mude a maneira de pensar

Se os pensamentos são equivocados, os sentimentos serão errados, e a combinação entre pensamentos e sentimentos forma o caráter pessoal. A boa notícia é que a reconstrução do pensamento *nos transforma*. A Bíblia diz: "Transformem-se pela renovação da sua mente" (Romanos 12:2). Além de reconhecer os pensamentos distorcidos, devemos corrigi-los e substituí-los por pensamentos corretos e verdadeiros que encontram sua fonte em Deus.

Como, então, podemos proteger e aumentar nossa inteligência emocional? Ingerindo alimentos saudáveis, descansando o suficiente, evitando entretenimento negativo na internet, na televisão e nos filmes, e rejeitando distorções cognitivas: magnificação, raciocínio com base em emoções, generalização exagerada, e assim por diante.[10] Devemos encher a mente com pensamentos corretos e verdadeiros, provenientes da compreensão do plano de Deus para nossa vida. Assim, conforme disse Cristo, conheceremos a verdade, e a verdade nos libertará (João 8:32).

A maneira de se libertar dos pensamentos negativos é substituí-los por positivos. Pensamentos deprimentes e derrotistas passam por nossa mente. Nessas ocasiões, o conselho do apóstolo Paulo é extremamente útil: "Mantenham o pensamento nas coisas do alto, e não nas coisas terrenas. Pois vocês morreram, e agora a sua vida está escondida com Cristo em Deus. Quando Cristo, que é a sua vida, for manifestado, então vocês também serão manifestados com Ele em glória" (Colossenses 3:2-4). Analise essa instrução divina com cuidado. Primeiro, ela nos aconselha a manter "o pensamento nas coisas do alto". Podemos parafrasear a ordem desta maneira: "Escolha preencher a mente com a realidade da verdade divina. Não permita que as distorções do inimigo moldem seu pensamento."

Manter "o pensamento nas coisas do alto" faz toda a diferença no processo de pensamento por dois motivos significativos. Primeiro, sentimos mais uma vez que nossa "vida está escondida com Cristo em Deus". Em Jesus, somos afirmados e aceitos, estamos salvos e seguros. Ele é nosso refúgio e nossa força. Na cruz, Jesus triunfou sobre todas as forças do mal. A vitória dEle é nossa (Colossenses 2:15). Nada pode nos tirar de Suas mãos (João 10:27, 28). Nada pode nos separar de Seu amor (Romanos 8:35-39). E nada pode tirar nossa paz e alegria interior profunda se, pela fé, nos apegarmos à realidade de que nossa vida real está protegida por Jesus e por Deus.

Segundo, manter "o pensamento nas coisas do alto" provoca uma transformação literal e poderosa na vida, porque, quando Cristo, que é a nossa vida, "for manifestado" na segunda vinda, nós nos uniremos a Ele em glória. Esta é uma esperança e um encorajamento muito superiores a qualquer coisa que possa nos afligir e perturbar. Jesus voltará e nos levará para o Céu. Um dia, a tristeza, o sofrimento, a doença e a depressão terão fim. A opressão e a injustiça desaparecerão na névoa do passado. Em Cristo, por meio de Cristo e por causa de Cristo, podemos ter pensamentos positivos, esperançosos e alegres hoje e por toda a eternidade.

---

[1] W.D.S. Killgore et al., "The Effects of 53 Hours of Sleep Deprivation on Moral Judgment", *Sleep* 30 (2007), p. 345-352.

[2] Ver Howard Gardner, *Frames of Mind: The Theory of Multiple Intelligences* (Nova York: Basic Books, 2003).

[3] Ver Daniel Goleman, *Emotional Intelligence: Why It Can Matter More Than IQ* (Nova York: Bantam Books, 1995).

[4] M. D. Aydin et al., "The Impact of IQ and EQ on Pre-eminent Achievement in Organizations: Implications for the Hiring Decisions of HRM Specialists", *International Journal of Human Resource Management* 16 (2005), p. 701-719.

[5] L. M. Ito et al., "Cognitive-Behavioral Therapy in Social Phobia", *Revista Brasileira de Psiquiatria* 30 (2008), S96-101; T. D. Borkovec e E. Costello, "Efficacy of Applied Relaxation and Cognitive-Behavioral Therapy in the Treatment of Generalized Anxiety Disorder", *Journal of Consulting and Clinical Psychology* 61 (1993), p. 611-619; G. A. Fava et al., "Six-year Outcome of Cognitive Behavior Therapy for Prevention of Recurrent Depression", *American Journal of Psychiatry* 161 (2004), p. 1872-1876.

[6] B. L. Beezhold, C. S. Johnston e D. R. Daigle, "Vegetarian Diets Are Associated With Healthy Mood States: A Cross-sectional Study in Seventh Day Adventist Adults", *Nutrition Journal* 9 (2010), disponível em www.nutritionj.com/content/pdf/1475-2891-9-26.pdf.

[7] I. Sharif e J. D. Sargent, "Association Between Television, Movie, and Video Game Exposure and School Performance", *Pediatrics* 118 (2006), e1061-1070.

[8] L. R. Huesmann et al., "Longitudinal Relations Between Children's Exposure to TV Violence and Their Aggressive and Violent Behavior in Young Adulthood: 1977-1992", *Developmental Psychology* 39 (2003), p. 201-221; B. J. Bushman e C. A. Anderson, "Media Violence and the American Public: Scientific Facts versus Media Misinformation", *American Psychologist* 56 (2001), p. 477-489.

[9] Ellen G. White, *Profetas e Reis* (Tatuí, SP: Casa Publicadora Brasileira, 2001 [CD-Rom]), p. 76.

[10] Neil Nedley, *The Lost Art of Thinking: How to Improve Emotional Intelligence and Achieve Peak Mental Performance* (Ardmore, OK: Nedley Publishing, 2011).

Inimigo Global

Aprenda a enfrentar a depressão

A depressão é um problema global que pode afetar qualquer pessoa em qualquer lugar. As estatísticas revelam que mais de 350 milhões de pessoas de todas as idades sofrem com o mal. Como uma das principais causas incapacitantes em todo o mundo, é uma parte importante da carga global de doenças. Aqueles que estudam os padrões da doença preveem que esses números tendem a aumentar no futuro.

A Organização Mundial de Saúde descreve a depressão como "um transtorno mental comum" caracterizado por tristeza, perda de interesse ou prazer, sentimentos de culpa ou baixa autoestima, distúrbios do sono ou do apetite, sensação de cansaço e falta de concentração.[1] Na pior das hipóteses, a depressão pode levar ao suicídio. Estima-se que cerca de 1 milhão de pessoas morrem por ano de doenças relacionadas à depressão. Isso é ainda mais perturbador quando percebemos que a prática de princípios positivos e tratamentos eficazes podem fazer grande diferença para as pessoas que enfrentam a depressão.

Mesmo um bom padrão de vida não garante felicidade. "Um estudo baseado em entrevistas detalhadas com mais de 89 mil pessoas mostrou que 15% da população dos países de alta renda, em comparação com 11% de países de baixa/média renda, eram suscetíveis a sofrer de depressão durante a vida, sendo que 5,5% haviam tido depressão no ano anterior."[2] Como se vê, o dinheiro não é uma solução para a decepção, o desânimo e o desespero.

A mesma pesquisa mostrou que as mulheres são "duas vezes mais propensas a sofrer de depressão do que os homens, e a perda de um parceiro, seja por morte, divórcio ou separação, é o principal fator de contribuição".[3] A causa da depressão não é a mesma para todos. Para alguns, é um problema genético que afeta o equilíbrio de substâncias químicas (neurotransmissores) no cérebro. Para outros, um evento estressante como a morte de um ente querido, a perda de um emprego ou um divórcio pode igualmente provocá-la. Em muitos casos, a depressão ocorre como resultado da combinação de ambos os fatores: o desequilíbrio químico e algum evento desencadeador. Seja qual for a causa, a depressão pode prejudicar a vida da pessoa e precisa de soluções eficazes.

Condição grave

A depressão pode ser muito incapacitante. Milhões de pessoas vivem à sombra da tristeza, melancolia e desesperança, e muitas vezes lutam com sentimentos de inadequação e de inutilidade. Embora existam graus de depressão e todos nós experimentemos níveis menores da doença, quase 22 mulheres em cada 100 terão um episódio ou mais de depressão durante a vida. Isso é quase o dobro da chance de que esse evento ocorra em homens, uma vez que cerca de 13 em cada 100 homens enfrentarão algum tipo de depressão em sua existência. Crianças com menos de 10 anos também podem sofrer de depressão, embora a diferença entre os sexos não seja aparente até a fase reprodutiva durante e após a adolescência. Entretanto, depois da menopausa, as mulheres se tornam menos propensas à depressão.

Vários fatores tornam as mulheres mais suscetíveis do que os homens ao estresse que induz à depressão. Um aspecto que pode influenciar no aparecimento da doença está relacionado às flutuações hormonais dos anos reprodutivos. Essas mudanças, às vezes, afetam os neurotransmissores no cérebro, aumentando a vulnerabilidade à depressão.

As mulheres também são cerca de quatro vezes mais propensas ao transtorno afetivo sazonal do que os homens. É uma forma de depressão que ocorre em áreas onde as horas do dia de inverno são muito curtas. Por isso, o mal é também conhecido como "depressão de inverno". As pessoas acordam e vão trabalhar no escuro, voltam para casa no escuro, tendo pouca exposição à luz solar.

Além disso, em muitas culturas, as mulheres não se beneficiam do estatuto de igualdade com os homens, e isso pode desempenhar um papel no surgimento da depressão. As exigências impostas às mulheres para gerar filhos ou para regular o tamanho da família significa que elas, muitas vezes, carregam responsabilidades desproporcionais pela função reprodutiva. A infertilidade pode ser vista como um fracasso em cumprir seu papel. E o mesmo ocorre com o aborto espontâneo. Os contraceptivos orais também podem ser um fator potencial para a depressão em mulheres suscetíveis. Fatores hormonais podem desempenhar um papel cíclico ou durante o estado pós-parto. Quaisquer que sejam as causas, as mulheres com depressão precisam e merecem atenção séria e compassiva.

Os sintomas de depressão variam de pessoa para pessoa. Cansaço persistente e perda de energia são queixas comuns entre as pessoas que sofrem com o distúrbio. Os indivíduos deprimidos podem sofrer de perda de concentração e se tornarem indecisos. Sentimentos de culpa e baixa autoestima, muitas vezes, persistem por semanas e até meses. Alguns podem ter dificuldade para dormir, dormir mais do que o normal ou acordar muito cedo. Pessoas que sofrem de depressão tendem a perder o interesse nas atividades diárias e podem lutar com pensamentos recorrentes de morte e suicídio. As mudanças nos padrões alimentares pode causar perda ou ganho de peso (uma variação de mais de 5% do peso do corpo em um mês). Em casos graves, os indivíduos com depressão perdem o interesse em comer e já não encontram prazer em qualquer uma das atividades da vida, incluindo as relações sociais.

A sociedade precisa reconhecer que os principais transtornos depressivos são uma doença tanto quanto as demais, como diabetes ou hepatite. Comentários mal orientados como "anime-se" ou "se esforce" refletem falta de conhecimento ou ignorância de quem os faz. Tais afirmações podem causar mais dor, mágoa e agravamento da depressão.

Tratamento da depressão

Uma pessoa com uma doença depressiva mais severa precisará de ajuda profissional. É perigoso e imprudente alguém sem formação na área médica ou psicológica, mesmo que seja um bem-intencionado entusiasta da saúde, tentar interferir na vida de uma pessoa que luta com essa condição.

Há uma série de abordagens para o tratamento da depressão profunda. Qualquer um que tenha sintomas de depressão deve procurar o auxílio de um profissional de saúde informado e qualificado. A avaliação cuidadosa vai ajudar a determinar a forma precisa de tratamento necessário.

Casos graves podem exigir internação. Paralelamente com a medicação, esses programas fornecerão aconselhamento e uma abordagem útil, como a terapia cognitivo-comportamental. Os pacientes podem muitas vezes tomar medicação durante alguns meses e, às vezes, precisam repetir o tratamento.

A depressão mais leve em homens e mulheres, muitas vezes, responde bem a programas de exercício. A Escola de Medicina de Harvard relata algumas notícias encorajadoras sobre como lidar com a depressão. Uma revisão de estudos que remonta a 1981 concluiu que "o exercício regular pode melhorar o humor em pessoas com depressão leve ou moderada e pode até mesmo desempenhar um papel de apoio no tratamento da depressão grave".

O relatório afirma ainda que, em um estudo publicado no *Archives of Internal Medicine*, "foi atribuído a 156 pacientes deprimidos um programa de exercícios aeróbicos em conjunto com o antidepressivo Sertralina ISRS (Inibidores Seletivos de Recaptação de Serotonina [com nome comercial de Zoloft, Serenata ou Tolrest]). Na marca de 16 semanas, de 60 a 70% dos pacientes em todos os três grupos já não apresentavam depressão grave. De fato, os resultados do grupo em duas escalas de avaliação da depressão eram essencialmente os mesmos". "Um estudo publicado em 2005 descobriu que andar rápido durante cerca de 35 minutos por dia, cinco vezes por semana, ou 60 minutos por dia, três vezes por semana, melhorou significativamente os sintomas em pessoas com depressão leve a moderada."[4] Se você estiver se sentindo um pouco para baixo, saia, dê um passeio e respire profundamente. Enquanto você faz isso, medite na bondade de Deus e peça a Ele para preencher sua mente com pensamentos positivos.

Outro fator ao lidar com a depressão envolve a dieta alimentar. Mudanças nos hábitos de alimentação também podem contribuir para aliviar os sintomas de depressão. A Clínica Mayo informa: "Algumas pesquisas preliminares sugerem que uma dieta pobre pode tornar uma pessoa mais vulnerável à depressão. Pesquisadores na Grã-Bretanha estudaram a relação entre depressão e dieta em mais de 3 mil trabalhadores de escritório na meia-idade no decurso de cinco anos. Eles descobriram que as pessoas que comiam *junk food*, consumindo carne processada, chocolate, sobremesas doces, alimentos fritos, cereais refinados e laticínios ricos em gordura, eram mais suscetíveis aos sintomas de depressão."[5]

Em outras palavras, quando você come vegetais e legumes, está beneficiando o cérebro e o corpo. Agora, não nos interpretem mal: não estamos sugerindo que o consumo de uma cenoura por dia irá mantê-lo cantando o tempo todo. A depressão é uma questão complexa, mas uma dieta saudável é parte de um programa amplo de bem-estar que ajudará a reduzir o problema.

Em geral, os seguintes hábitos podem ser eficazes:

• Comer saudavelmente uma dieta bem equilibrada baseada em vegetais.

• Ter um sono regular e rotinas de descanso.

• Exercitar-se regularmente ao ar livre.

• Cultivar relacionamentos significativos com a família e amigos.

• Confiar no poder e na graça do nosso amoroso Pai celestial.

• Mudar os padrões de pensamento, tentando focar a mente em possibilidades e coisas positivas.

• Procurar ajuda especializada se tiver sintomas de depressão por períodos prolongados e seguir o tratamento prescrito por um profissional qualificado.

Um dos antídotos mais fortes para a depressão é o apoio social. Relacionamentos amorosos, amizades afetuosas e fortes laços familiares fazem a diferença. Se você estiver se sentindo para baixo, partilhe seu peso com alguém em quem possa confiar. Você não precisa levar sozinho esse fardo. Na verdade, o próprio Jesus nos convida a depor nossos fardos mais pesados aos Seus pés. Ele diz: "Venham a Mim, todos os que estão cansados e sobrecarregados, e Eu lhes darei descanso" (Mateus 11:28).

Ao lidar com a depressão, a administração adequada do estresse pode ser útil, assim como uma relação espiritual equilibrada com Deus. Essa foi a experiência de um antigo profeta dos tempos bíblicos. Nós já falamos sobre ele no capítulo anterior, mas vamos relembrar sua história e ver o que ela pode nos ensinar.

O estresse ocupava constantemente o dia a dia de Elias, como na ocasião em que ele confrontou os profetas idólatras do deus pagão Baal no Monte Carmelo. Não chovia havia três anos e meio. As plantações tinham sido improdutivas e a fome assolava a terra. Elias fez um desafio: se o Deus do Céu fosse supremo e Todo-Poderoso, que Ele enviasse chuva; mas, se Baal fosse mais poderoso, que ele respondesse às orações de seus profetas e derramasse chuva; afinal, seus adoradores diziam que ele tinha poder para isso. A tensão cresceu e a pressão aumentou.

Os profetas de Baal gritavam suas orações sem sentido, mas nada aconteceu. Então Elias clamou ao Céu, e veio chuva. O profeta de Deus testemunhou um milagre e estava exultante. No entanto, sua experiência no alto da montanha em breve se transformaria em desespero.

Jezabel, esposa do rei Acabe, agora ameaçava a vida de Elias. Exausto e com medo, o profeta de Deus fugiu. Quanto mais ele viajava, mais deprimido ficava. O desânimo tomou conta dele como uma nuvem escura. Confuso e desanimado, ele não tinha mais vontade de viver. A Escritura registra sua oração: "Já tive o bastante, Senhor. Tira a minha vida; não sou melhor do que os meus antepassados" (1 Reis 19:4).

Elias ficou tão deprimido que a vida não parecia digna de ser vivida por mais tempo. Comentando o incidente, uma escritora cristã acrescenta: "Na experiência de todos surgem ocasiões de profundo desapontamento e extremo desencorajamento – dias em que só predomina a tristeza e é difícil crer que Deus é ainda o bondoso benfeitor de Seus filhos na Terra; dias em que o dissabor mortifica a alma, de maneira que a morte pareça preferível à vida. É então que muitos perdem sua confiança em Deus e são levados à escravidão da dúvida, ao cativeiro da incredulidade. Pudéssemos em tais ocasiões discernir com intuição espiritual o significado das providências de Deus, veríamos anjos procurando salvar-nos de nós mesmos, esforçando-se por firmar nossos pés num fundamento mais firme que os montes eternos; e nova fé, nova vida jorrariam para dentro do ser."[6]

Nesse momento crítico na vida de Elias, Deus providenciou comida e água para o profeta, pediu-lhe para descansar um pouco e encorajou-o com a certeza de que estava com ele. Finalmente, Elias deixou sua masmorra de desespero e mais uma vez se regozijou na luz da presença alegre do Senhor.

Em muitos aspectos, a história de Elias é a de cada um de nós. Todos em algum momento sofrem com a depressão resultante de eventos desafiadores da vida. Nesses momentos, podemos contar com a ajuda de Deus.

Experiência Positiva

Vamos terminar o capítulo com uma nota positiva. Cinthia (pseudônimo), uma colega de profissão de um dos colaboradores deste livro, passou por uma experiência de depressão prolongada e profunda. Porém, com o tempo, enquanto seguia algumas orientações dadas aqui, ela se libertou do desespero que a escravizava.

Seu conselho para alguém que esteja passando por uma situação semelhante é: "Se você estiver deprimido por um período prolongado de tempo, procure ajuda. Não descarte os medicamentos. A medicação pode quebrar a parede da escuridão que o rodeia, e essa descoberta vai lhe dar força."

"Você precisa fazer mudanças no estilo de vida que podem ajudar na sua recuperação", continua Cinthia. "Encontre um médico altamente qualificado. Além disso, partilhe sua luta com outra pessoa e peça que ela ore por você."

"Se a sua depressão é uma luta contínua, alimente-se da Palavra de Deus", ela aconselha. "Leia e memorize textos 'alegres', como Neemias 8:10, Salmos 34, 40 e 66, e passagens do livro de Filipenses. Comece a escrever um 'diário da alegria', em que você dá graças a Deus por cinco coisas a cada noite antes de dormir. Alimente sua mente com coisas boas. Destaque textos bíblicos que falam de alegria, contentamento e louvor, de modo que você possa reivindicar as promessas desses textos a cada dia." Finalmente, Cinthia revela que gosta de recitar uma frase escrita por um poeta hebraico: "Porque és a minha ajuda, canto de alegria à sombra das Tuas asas" (Salmo 63:7).

Lembre-se desta verdade eterna: é uma lei da mente adaptar-se gradualmente aos assuntos que se abrigam nela. Por isso, encha a mente com pensamentos positivos, alternando com a Palavra de Deus. Reclame as promessas divinas como se fossem suas. Creia que Jesus, a luz do mundo, irá iluminar sua escuridão. Não aceite mentiras sobre si mesmo. Você é um filho precioso (ou filha preciosa) de Deus e significa muito mais para Ele do que jamais saberá. Compreender nosso valor aos olhos do Senhor e Seu cuidado por nós vai nos ajudar a vencer.

[1] World Health Organization, "Depression", disponível em www.who.int/mediacentre/factsheets/fs369/en/index.html.

[2] BioMed Central, "Global Depression Statistics", disponível em www.sciencedaily.com/releases/2011/07/110725202240.htm.

[3] Ibid.

[4] Harvard Health Publications, *Understanding Depression* (Boston: Harvard Medical School, 2008), disponível em www.hrccatalog.hrrh.onca/InmagicGenie/DocumentFolder/understanding%20depression.pdf.

[5] Clínica Mayo, "Diseases and Conditions: Can a Junk Food Diet Increase Your Risk of Depression?", disponível em www.mayoclinic.org/diseases-conditions/depression/expertanswers/depression-and-diet/faq-20058241.

[6] Ellen G. White, *Profetas e Reis* (Tatuí, SP: Casa Publicadora Brasileira, 2001 [CD-Rom]), p. 162.

O Caminho da Liberdade

Conheça a fórmula para vencer os hábitos destrutivos

Foi uma cena de dor dilacerante: crianças chorando e uma mãe frustrada, obviamente emotiva e com raiva. "Esta é a gota d'água", disse ela para si mesma. "Não aguento mais!" Anthony, o marido alcoólatra, tinha perdido mais um emprego.

Agradável, de fala mansa, ele era geralmente um pai bondoso e marido atencioso, exceto quando sob a influência do álcool. Benquisto e bem recebido nos círculos esportivos de sua cidade, sempre participava das comemorações na sede do clube ou no bar depois de um jogo de golfe ou outro evento esportivo. No entanto, como o vício custara-lhe um emprego após o outro, ele perdeu a segurança financeira e também os muitos amigos com quem tinha jogado, bebido e se confraternizado durante os "bons" tempos.

Anthony tinha problema não só com álcool; era também fumante. Nem mesmo a descoberta de câncer na laringe motivou-o a parar de fumar por mais do que alguns meses. Diagnósticos de risco de vida, como ataque cardíaco e câncer, muitas vezes, levam apenas a mudanças de estilo de vida de curto prazo. A dura realidade é que se requer algo mais para que ocorram transformações significativas e de longo prazo em nosso comportamento.

A triste história de Anthony é marcada pelas seguintes palavras durante seus numerosos e curtos períodos de recuperação: "Eu posso controlar o tabaco e o álcool; eles não são os meus senhores." A triste realidade é que eles eram seus senhores, e ele era, na verdade, seu escravo. Seu caso de amor com o álcool afetou muitos outros, especialmente a família. Dois de seus quatro filhos também se tornaram alcoólatras.

Verdadeiramente o sábio tinha razão quando declarou em Provérbios 23:29-32: "De quem são os ais? De quem as tristezas? E as brigas, de quem são? E os ferimentos desnecessários? De quem são os olhos vermelhos? Dos que se demoram bebendo vinho, dos que andam à procura de bebida misturada. Não se deixe atrair pelo vinho quando está vermelho, quando cintila no copo e escorre suavemente! No fim, ele morde como serpente e envenena como víbora."

Em outras palavras, percebendo ou não, o álcool é uma substância mortal. Anthony descobriu essa terrível verdade tarde demais.

Se você acredita que beber com moderação é bom para sua saúde, saiba que não existe um nível seguro de consumo de álcool que possa evitar um aumento no câncer de mama entre as mulheres e câncer de cólon entre os homens. Além disso, existem os problemas de vício, acidentes, violência doméstica e outras questões sociais e de saúde associadas ao consumo de álcool. A vida é muito melhor sem ele.

O tamanho do drinque

De acordo com um relatório sobre a situação global de álcool e saúde, divulgado pela Organização Mundial de Saúde, em Genebra, em fevereiro de 2011:[1]

• Aproximadamente 2,5 milhões de pessoas morrem de causas relacionadas com o álcool a cada ano.

• No total, 55% dos adultos consomem bebidas alcoólicas.

• De todas as mortes no mundo, 4% estão relacionadas ao álcool por meio de lesões, câncer, doenças cardiovasculares e cirrose hepática.

• Globalmente, 6,2% das mortes masculinas envolvem o álcool.

O relatório da Organização Mundial de Saúde revelou também que em 2005, em todo o mundo, 6,13 litros de álcool puro foram consumidos em média por pessoa com idade acima de 15 anos. A quantidade parece ser estável nas Américas e em certas regiões da Europa. No entanto, os pesquisadores observaram aumentos significativos na África e no Sudeste Asiático. O risco à saúde aumenta ainda mais com episódios de bebidas em farras ou apenas para embriagar-se. As definições de consumo excessivo de álcool variam, mas nos Estados Unidos as autoridades de saúde consideram beber em excesso quando um homem ingere mais de cinco doses consecutivas, e as mulheres, mais de quatro. A prática de beber em noitadas ou farras tem aumentado assustadoramente em muitas partes do mundo.

A cada ano, o consumo de álcool causa dezenas de milhares de mortes que poderiam ser evitadas. "Na União Europeia, o álcool é responsável por cerca de 120 mil mortes prematuras por ano: um em cada sete homens e uma em cada 13 mulheres", diz outro relatório da Organização Mundial de Saúde.[2] Esses fatos preocupantes aparecem como um das principais causas evitáveis de deficiências e morte no mundo, ao lado do tabaco.[3]

O álcool é também a principal causa de retardo mental evitável no mundo. Ele atravessa facilmente a placenta e prejudica o desenvolvimento cerebral dos bebês em gestação. Como resultado, não há nível seguro de consumo de álcool durante a gravidez.

Sabe-se que o uso do álcool está por trás de acidentes de todos os tipos, como as mortes nas estradas, a violência doméstica, assassinatos, estupros e outras atividades criminosas. Embora seja vendido livremente, o álcool é muito perigoso.

Dependência do álcool

De cada 100 pessoas que ingerem álcool, 13 irão desenvolver o alcoolismo durante a vida. Se houver um parente de primeiro grau (por exemplo, pai, mãe, tio, tia, avô) que sofreu de dependência de álcool, a probabilidade dobra. Entretanto, se o consumo de álcool começar com menos de 14 anos, a chance de se tornar dependente aumenta 40%![4] Precisamos educar as crianças sobre os perigos do álcool em idade precoce. Os pais e pessoas do círculo social devem promover relacionamentos saudáveis e conexão desde cedo. Esse apoio social desenvolve resiliência e promove escolhas saudáveis. Uma camada adicional de proteção para jovens e adultos é uma fé vital em Deus.

Por que a fé é tão importante quando se trata de vícios? Por duas razões principais. Em primeiro lugar, a compreensão de que nosso corpo não é uma casa de diversão, mas o templo do Deus vivo faz toda a diferença. O Cristo que nos criou e nos redimiu anseia viver em nós por meio do Espírito Santo. As palavras do apóstolo Paulo ecoam pelos corredores do tempo: "Acaso não sabem que o corpo de vocês é santuário do Espírito Santo que habita em vocês, que lhes foi dado por Deus, e que vocês não são de si mesmos? Vocês foram comprados por alto preço. Portanto, glorifiquem a Deus com o seu próprio corpo" (1 Coríntios 6:19, 20).

A segunda razão pela qual a fé faz tanta diferença em nossa capacidade de superar hábitos destrutivos é que, quando optarmos pela entrega de nossa vontade fraca e vacilante a Deus, Ele nos fortalecerá para sermos capazes de superar os hábitos de vida destrutivos. O apóstolo João afirma de forma sucinta: "O que é nascido de Deus vence o mundo; e esta é a vitória que vence o mundo: a nossa fé" (1 João 5:4). Nosso amoroso Pai Celestial deseja que vivamos livres de vícios destrutivos que nos predispõem ao risco de doenças cardíacas e câncer.

Álcool e câncer

O câncer é uma das principais causas de morte em todo o mundo. Pesquisadores da União Europeia, onde o câncer se tornou a segunda causa de morte mais comum, com cerca de 2,5 milhões de mortes por ano, estimam que o consumo de álcool provoque diretamente 10% dos casos de câncer em homens e 3% em mulheres. Evitar o álcool poderia diminuir cerca de 30% dos casos totais de câncer na União Europeia.[5] Há fortes evidências de que o álcool provoca câncer de mama em mulheres e câncer de cólon em homens e mulheres. Não aparece nenhum limite (dosagem) seguro de álcool que evite seu efeito carcinogênico. Trata-se, portanto, de algo claramente perigoso recomendar a qualquer um o uso de álcool para melhorar a saúde, como alguns estão fazendo, e para possíveis benefícios cardíacos.

Álcool e coração

Durante os últimos 30 anos, alguns têm promovido o álcool como "saudável para o coração" e protetor contra doenças coronárias. Muita coisa já apareceu em publicações populares e científicas sobre o assunto. Entretanto, os vários resultados contraditórios de diversos estudos podem se dever a uma ampla variedade de razões. Pesquisadores eminentes têm sugerido que alguns ou todos os aparentes efeitos protetores do coração resultantes de bebida moderada podem advir de outros fatores.[6]

As diferenças no estado de saúde, educação e nível socioeconômico dos indivíduos estudados acrescentaram ainda mais confusão na interpretação dos dados. Por exemplo, alguns indivíduos incluídos no grupo de abstêmios tinham sido consumidores de álcool antes dos estudos e haviam parado de consumi-lo por razões de saúde.[7] Para um número crescente de pesquisadores, os melhores resultados de saúde cardíaca entre os consumidores moderados não se devem ao álcool, mas ao seu estilo de vida medianamente saudável e superior ao dos abstêmios estudados.[8]

Levando-se em conta todos os riscos para a saúde relacionados ao álcool, não faz o menor sentido promover seu uso para a saúde do coração, especialmente quando existem outras maneiras comprovadas e seguras de prevenir doenças cardíacas, como exercício diário e uma dieta saudável.

Fumaça assassina

Outro assassino é o tabaco. Todos os dias, mais de 1 bilhão de pessoas fumam ou mastigam tabaco e 15 mil morrem diariamente de doenças relacionadas ao fumo.[9] A maioria dessas mortes poderia ser evitada se as pessoas não fumassem e o fumo passivo fosse erradicado. A questão básica é: se você fuma, está se pondo em uma situação de risco. O tabaco é um veneno letal e é comercializado e disponibilizado livremente sob as mais diversas formas. Pode ser fumado, mastigado, inalado, usado eletronicamente e mesmo dissolvido em água (*narguilé*). Todas as formas são substancialmente prejudiciais, aumentando o risco de doenças e morte. O tabaco chega a matar até metade de seus usuários e contribui para a morte de cerca de 6 milhões de pessoas a cada ano. Por incrível que pareça, 600 mil deles são não fumantes expostos ao fumo passivo. Veja alguns dados fatais:

• Quase 80% de 1 bilhão de fumantes do mundo vivem em países de renda média e baixa.

• O consumo de produtos de tabaco continua a aumentar globalmente.

• Aproximadamente uma pessoa morre a cada seis segundos como resultado de causas relacionadas com o tabaco.

• Cerca da metade dos usuários atuais morrerá de doenças relacionadas ao tabaco.

O tabaco é um assassino gradual que leva vários anos para deteriorar a saúde do seu usuário. É uma das ameaças mais graves de saúde pública que o mundo já enfrentou, matando não só o usuário, mas afetando negativamente a saúde ou mesmo matando os que são expostos à sua fumaça. O fumo passivo, por definição, é a fumaça que enche restaurantes, escritórios, casas e qualquer espaço fechado em que os produtos de tabaco queimam, incluindo cigarros, charutos, cachimbos, *bidis* e cachimbos de água (*narguilé*).

A fumaça do cigarro contém mais de 2.000 substâncias químicas. Pelo menos 250 delas são conhecidas por serem prejudiciais, e mais de 50 causam câncer. Sem nenhum nível seguro de exposição, o cigarro é uma causa comprovada de doenças cardiovasculares e respiratórias em adultos, incluindo câncer de pulmão e doenças coronarianas. Em bebês, a fumaça pode causar a síndrome da morte súbita do lactente. Crianças em contato com o fumo passivo têm mais infecções do trato respiratório superior e inferior. Além disso, o tabaco é uma "porta de entrada para outras drogas".[10] Aqueles que o usam colocam-se em risco de se tornar dependentes de outras drogas, como a maconha, metanfetamina, cocaína e heroína.

Tanto o álcool quanto o tabaco são extremamente perigosos. A evidência científica e as estatísticas de saúde pública apontam essas substâncias como as principais causas de morte no mundo hoje. É uma escolha pessoal usar ou não tabaco, álcool ou outras substâncias prejudiciais que destroem a saúde, mas nossas escolhas têm consequências.

Os fatos certamente falam por si. Nós fomos criados para algo melhor do que a experiência de doenças evitáveis, como resultado de nossas más decisões. Lembre-se de que nunca é tarde demais para começar a fazer escolhas de estilo de vida positivo, e, quando o fazemos, Deus vem imediatamente em nosso socorro para fortalecer nossas decisões. O que nunca poderíamos realizar por conta própria, podemos fazer por meio da Sua força.

O inimigo número um

Já em 1971 o então presidente norte-americano Richard Nixon declarou: "O inimigo público número um dos Estados Unidos é o abuso de drogas. A fim de lutar e derrotar esse inimigo, é necessário travar uma nova e total ofensiva."[11] Se isso já era verdade na época, hoje é muito mais, e a mesma realidade se aplica também a outros países.

Devido à sua natureza ilegal, não temos estatísticas muito precisas sobre a magnitude da indústria de drogas ilícitas. Especialistas estimam em US$ 300 bilhões, US$ 400 bilhões e até US$ 1 trilhão por ano.[12] Em 2010, a agência das Nações Unidas Sobre Drogas e Crime calculou que entre 153 milhões e 300 milhões de pessoas com idade entre 15 e 64 anos haviam usado drogas durante o ano anterior, com uma maior prevalência de *cannabis* (maconha), seguida de estimulantes do tipo anfetamina. Como regra geral, o uso de drogas ilícitas por homens excede em muito ao das mulheres, que recorrem com mais frequência a tranquilizantes e sedativos.[13]

Estima-se que apenas 20% dos consumidores de drogas recebam tratamento para sua dependência. As tragédias decorrentes desse consumo perigoso são surpreendentes. O número de mortes em consequência das drogas foi calculado entre 99 mil e 253 mil por ano. Em alguns países, um grande número de assassinatos está relacionado às drogas. Por exemplo, o governo mexicano estima que 90% das mortes no país têm ligação com drogas. Embora esse possa ser um caso extremo, ainda nos diz muito sobre o potencial maligno das drogas ilícitas.[14] No Brasil, o uso de drogas legais e ilegais matou mais de 40 mil pessoas entre 2006 e 2010, o que dá uma média de 8 mil óbitos por ano.[15]

O impacto do uso de drogas sobre a saúde é indescritível. Muitos pensam nisso apenas quando uma celebridade como Philip Seymour Hoffman morre. De acordo com o médico legista, o ator premiado com o Oscar morreu, em fevereiro de 2014, "por uma mistura tóxica de drogas". No entanto, muitas pessoas comuns ficam doentes e morrem todos os dias como resultado do abuso de drogas.

As drogas afetam quase todos os órgãos do corpo. Elas podem enfraquecer o sistema imunológico, aumentando a suscetibilidade a infecções; causam problemas cardiovasculares, incluindo um índice anormal de doenças cardíacas, ataques cardíacos e infecção dos vasos sanguíneos e válvulas cardíacas; provocam náuseas, vômitos e dor abdominal; danificam o fígado; desencadeiam AVC; alteram a química do cérebro, levando à dependência; causam danos cerebrais permanentes; afetam a memória, a atenção e a tomada de decisão; induzem à paranoia, agressividade, alucinações, depressão e dependência; e podem representar vários riscos para as mulheres grávidas e seus bebês.[16]

Felizmente, os usuários de drogas e suas famílias não precisam enfrentar o desafio sozinhos. Muitos centros de tratamento e serviços de apoio podem ajudar. Os Narcóticos Anônimos são uma dessas instituições. Eles afirmam: "Todos os dependentes do mundo têm a chance de vivenciar nossa mensagem em seu idioma e cultura, e encontrar a oportunidade para um novo modo de vida."[17] Com a ajuda humana e divina, a vitória é possível.

O uerdadeiro equilíbrio

Você pode estar lutando com os grilhões da dependência de álcool, tabaco, drogas, excesso de trabalho, pornografia, o vício da

mídia ou apenas vivendo uma vida desequilibrada. Poucos sentimentos podem se equiparar com o desespero de tentar abandonar o
vício e fracassar, e, em seguida, continuar a tentar e ainda falhar. Os
hábitos se formam com facilidade, mas são difíceis de quebrar. Na
verdade, pura garra e força de vontade (ou "falta de força de vontade", se você preferir) não são suficientes para obter a vitória sobre
os hábitos e vícios escravizantes. Precisamos de ajuda.

Um grande missionário e escritor, o apóstolo Paulo, descreveu a
nossa fonte de força como um poder fora de nós mesmos. Felizmente, ele também compartilhou o segredo desse poder e sucesso: "Tudo
posso nAquele que me fortalece" (Filipenses 4:13). E acrescenta: "Não
sobreveio a vocês tentação que não fosse comum aos homens. E Deus
é fiel; Ele não permitirá que vocês sejam tentados além do que podem
suportar. Mas, quando forem tentados, Ele mesmo lhes providenciará
um escape, para que o possam suportar" (1 Coríntios 10:13).

Seja qual for o desafio que você enfrenta, outros também o enfrentam. Você não está sozinho em suas lutas. Em qualquer situação, Deus já traçou uma rota de escape e um meio de libertação.
Apoiando-se na força divina, você pode encontrar uma vida plena e
equilibrada física, mental, emocional e espiritualmente.

Mesmo quem tem a vontade mais forte não pode alcançar esse
verdadeiro equilíbrio sem uma forte dependência do poder do nosso
gracioso e todo-poderoso Deus, que não só nos criou, mas é capaz
de nos sustentar e fortalecer nossa vontade e capacidade de fazer
escolhas sábias. Por meio de Paulo, Ele nos encoraja em nossa busca de plenitude, mesmo em nossa fragilidade: "Assim, quer vocês
comam, bebam ou façam qualquer outra coisa, façam tudo para a
glória de Deus" (1 Coríntios 10:31).

Evitar hábitos e práticas prejudiciais, viciantes e destrutivas torna-se,
assim, uma decisão motivada espiritualmente, em gratidão pelas
bênçãos incríveis e maravilhosas e pelo privilégio do dom da vida. É
encorajador lembrar que a ajuda nunca está longe. Nosso gracioso
Pai celestial está pronto a orientar nossas escolhas, possibilitando um
equilíbrio contínuo e bem-sucedido na vida. Isso se aplica também à

vitória sobre hábitos destrutivos. Peça a Deus para ajudá-lo agora. Você não só sobreviverá, mas também irá florescer.

---

[1] Disponível em www.who.int/substance_abuse/publications/global_alcohol_report/en.

[2] "Status Report on Alcohol and Health in 35 European Countries 2013", disponível em www.euro.who.int/en/publications/abstracts/status-report-on-alcohol-and-healthin-35-european-countries-2013.

[3] Thomas Babor et al., *Alcohol: No Ordinary Commodity*, 2ª ed. (Nova York: Oxford University Press, 2010), p. 70.

[4] Richard K. Ries et al., *Principles of Addiction Medicine*, 4ª ed. (Philadelphia: Lippincott Williams and Wilkins, 2009).

[5] EuroCare, European Alcohol Policy Alliance, "Alcohol and Cancer—the Forgotten Link", disponível em www.eurocare.org/library/latest_news/alcohol_and_cancer_the_forgotten_link.

[6] Timothy S. Naimi et al., "Cardiovascular Risk Factors and Confounders Among Nondrinking and Moderate-Drinking U.S. Adults", *American Journal of Preventive Medicine* 28 (2005), p. 369-373.

[7] Kaye Middleton Fillmore et al., "Moderate Alcohol Use and Reduced Mortality Risk: Systematic Error in Prospective Studies", *Addiction Research and Theory* 14 (2006), p. 101-132.

[8] B. Hansel et al., "Relationship Between Alcohol Intake, Health and Social Status, and Cardiovascular Risk Factors in the Urban Paris-lle-de-FranceCohort", *European Journal of Clinical Nutrition* 64 (2010), p. 561-568.

[9] Robert Beaglehole et al., "Priority Actions for the Noncommunicable Disease Crisis", *Lancet* 377 (2011), p. 1438-1447.

[10] World Health Organization, "Tobacco", ficha técnica nº 339, disponível em www.who.int/mediacentre/factsheets/fs339/en/index.html. Ver também Omar Sharey et al., *The Tobacco Atlas*, 3ª ed. (Atlanta: American Cancer Society, 2009).

[11] Richard Nixon, "Remarks About an Intensified Program for Drug Abuse Prevention and Control", 17 de junho de 1971, em John T. Woolley e Gerhard Peters, The American Presidency Project, disponível em www.presidency.ucsb.edu/ws/?pid=3047. Para a cronologia da guerra norte-americana contra as drogas, ver www.pbs.org/wgbh/pages/frontline/shows/drugs/cron/.

[12] Ver www.unodc.org/pdf/WDR_2005/volume_1_chap2.pdf.

[13] Dados disponíveis em www.unodc.org/documents/data-and-analysis/WDR2012/.WDR_2012_Chapter1.pdf.

[14] Ibid.

[15] O levantamento foi feito com base no sistema de dados do Datasus; ver http://www.estadao.com.br/noticias/vidae,consumo-de-drogas-legais-e-ilegais-mata-8-mil-pessoas-por-ano-no-pais,831451,0.htm.

[16] Gateway Foundation, "Effects of Drug Abuse and Addiction," disponível em http://recovergateway.org/resources/individuals/drug-addiction-effects/.

[17] Visite o *site* www.na.org.br.

Atitude de Vencedor

Decida viver como um campeão

D urante as últimas décadas, os pesquisadores começaram a se concentrar na questão: Por que alguns jovens que vivem em ambientes de alto risco não se envolvem em comportamentos perigosos? Eles concluíram que tudo gira em torno do termo *resiliência*, a capacidade de continuar a viver saudavelmente, apesar das adversidades pessoais, das tensões da vida, ou até mesmo em um ambiente destrutivo.

Essa resistência parece desenvolver-se como resultado de uma ampla variedade de apoio social. Apesar das dificuldades severas e da presença de fatores de risco, os indivíduos resilientes desenvolvem habilidades de enfrentamento que lhes permitem ter sucesso na vida. Eles têm um autoconceito forte, uma sólida crença em Deus e uma atitude positiva para com o mundo ao redor. Impulsionados por um sentido definido de propósito para a vida, eles veem os obstáculos como desafios que podem superar. Acima de tudo, a resiliência parece ter tudo que ver com a esperança e a crença positiva de que há vida além dos obstáculos presentes.

Mundo de alto risco

Embora as famílias, igrejas e comunidades procurem protegê-los, os jovens de hoje vivem em um mundo repleto de altos riscos. Material sexual explícito espera por eles com apenas um clique na internet. O acesso ao álcool, maconha, cocaína e anfetaminas é relativamente fácil, mesmo em ambientes que muitos poderiam considerar saudáveis e seguros. Portanto, é importante identificar os fatores que levam alguns jovens ao sucesso, apesar do perigoso mundo em que vivem. Isso poderá ser útil para ajudar outros jovens a empregar as mesmas estratégias de sobrevivência.

O conceito de resiliência é vital hoje, já que não podemos tornar o lar e os ambientes sociais lugares ideais, e não podemos tirar as drogas das ruas ou remover a violência da televisão, filmes e jogos eletrônicos. Se não podemos eliminar o material nocivo da internet, então como ajudar as crianças expostas a essas influências a crescer saudáveis e ser bem-sucedidas? O que podemos fazer como indivíduos, igreja ou comunidade para ajudar a juventude a se tornar resiliente?

A primeira coisa importante a se lembrar é que a resiliência parece resultar de relações de apoio. Relações positivas, sinceras e duradouras são a chave para o desenvolvimento de jovens resilientes. Adultos mais velhos ou mentores que apoiam, incluindo pais, professores e religiosos, desempenham um papel importante na resiliência em desenvolvimento.

O relacionamento com as pessoas que demonstram cuidados, carinho e amor incondicional parece proporcionar aos jovens um sentimento de que eles podem superar qualquer dificuldade que enfrentarem na vida. Tais relações podem incutir nos jovens um sentido de autoestima que lhes permite enfrentar os desafios com mais sucesso. Um estudo em particular constatou que "todos os jovens resilientes tinham pelo menos uma pessoa em sua vida que os aceitava incondicionalmente".[1]

Além disso, a espiritualidade tem um papel importante no desenvolvimento da resiliência. Um estudo indica que os jovens resilientes, muitas vezes, têm a capacidade de usar sua fé religiosa para manter uma visão positiva de uma vida significativa.[2]

Qualquer que seja o fator fortalecedor da resiliência, a família tem um papel importante, pois é onde temos mais oportunidade de exercer influência positiva.

Resiliência e refeições em família

Uma estratégia eficaz e bastante simples que constrói a resiliência é fazer as refeições em família. Uma série de estudos recentes relata que jantares em família contribuem para uma redução de comportamentos de risco e dependência em adolescentes e adultos jovens.

Pesquisadores identificaram o momento do almoço ou jantar em família como um fator de proteção contra comportamentos de risco como o uso de álcool e de drogas, tabagismo, atividade sexual precoce, distúrbios alimentares e delinquência. De igual modo, jantares em família podem reduzir a probabilidade de os jovens se tornarem vítimas da violência.[3]

Outro aspecto positivo é que parecem criar uma melhor estabilidade social e mental. Crianças e adolescentes que compartilham jantares em família e passam tempo com os pais desenvolvem maior autoestima, têm menos depressão e menores taxas de suicídio ou pensamentos suicidas.

Além disso, as refeições em família contribuem para hábitos alimentares mais saudáveis e boa nutrição. Mais importante, eles fornecem um momento ideal para cultivar valores espirituais e crença em Deus. A pesquisa sobre o tema da resiliência descobriu que a crença em Deus desempenha um papel importante no sucesso futuro e na capacidade de superar as circunstâncias difíceis da vida.

Comer em família é uma influência positiva por causa da conexão que se estabelece. A ligação da família é um dos fatores mais fortes para produzir resiliência. Assim, as refeições em família criam um ambiente de comunicação de uns com outros, constroem laços duradouros entre pais e filhos, dão oportunidade para discutir problemas e soluções, e cultivam um senso de estabilidade. Os pais podem usar as refeições para conhecer melhor os amigos dos filhos e outras pessoas com quem eles interagem fora de casa. As refeições também oferecem oportunidades para planejar eventos e atividades futuras que manterão o vínculo familiar ainda mais forte.

As exigências do trabalho e os aparelhos eletrônicos interferem no senso de conexão que deve ocorrer na hora das refeições. É fundamental que os pais desliguem a TV e não permitam o uso de dispositivos eletrônicos durante as refeições. Nada deve interferir na ligação que acontece em jantares de família. É encorajador que os jovens realmente apreciem a socialização das refeições familiares.

Resiliência e serviço

O serviço comunitário é outra atividade que promove a resiliência entre os jovens. É um conceito firmemente estabelecido nas Escrituras. Jesus nos ensinou muito sobre servir aos outros. Em Mateus 25:31-46, Ele revela que Seu povo serve aos outros ao satisfazer suas necessidades, alimentando o faminto e vestindo o nu. Devemos mostrar compaixão, carinho e dar assistência a todos. Podemos apoiar, visitar, ajudar e consolar as pessoas que estão em uma posição de necessidade por qualquer motivo.

Tal atividade prática nos fornece um método para proteger nossos filhos de comportamentos de alto risco, enquanto, ao mesmo tempo, incentiva sua fé e envolvimento em atividades saudáveis. Assim, podemos servir aos outros não apenas dando dinheiro, mas também, em conjunto com a juventude, promovendo assistência pessoal e prática. Isso inclui qualquer assistência que beneficie aqueles que vivem em nossa comunidade local. É imperativo alimentar, vestir e proteger as pessoas.

Alguém pode perguntar: "O que o serviço tem que ver com os jovens e os comportamentos de alto risco?" Em primeiro lugar, o serviço muda a vida dos jovens. Por meio do serviço, eles são muito mais propensos a se envolver em comportamentos pró-sociais saudáveis. Alguns anos atrás, o senador norte-americano John Glenn, então presidente da Comissão Nacional de Serviço de Aprendizagem e um astronauta famoso, indicou que mais de 80% das escolas que tinham o serviço como parte dos currículos escolares relataram que a maioria dos alunos participantes melhoraram suas notas.[4] O envolvimento no serviço também está fortemente relacionado com uma menor taxa de comportamentos de alto risco e um uso significativamente menor de álcool.[5]

Não é interessante que, ao seguir a orientação de Jesus em Mateus 25, a juventude seja beneficiada?

Grupos religiosos, muitas vezes, podem desempenhar um papel de liderança no serviço comunitário, criando oportunidades de serviço. A presença de adultos responsáveis, envolvidos com o cuidado ao próximo, faz a diferença. Durante as atividades de serviço, os adultos podem mostrar que eles realmente se preocupam com a vida dos jovens, servem como modelos e compartilham os valores relacionados ao sucesso. A orientação de adultos em atividades de serviço ajuda a superar os efeitos negativos de um ambiente familiar difícil.

Para que as comunidades e os jovens possam viver a vida em plenitude, cada um deve fazer sua parte no desenvolvimento de jovens resilientes e livres de comportamentos de risco. Cultivar relacionamentos afetivos, partilhando o valor das refeições em família, e investir na implementação de programas de serviços comunitários que incentivem a participação da juventude ajudam a atingir esse objetivo. Isso fará toda a diferença na vida dos nossos jovens.

---

[1] R. Brooks, "Children at Risk: Fostering Resilience and Hope", *American Journal of Orthopsychiatry* 64 (1994), p. 545-553.

[2] T. P. Hebert, "Portraits of Resilience: The Urban Life Experience of Gifted Latino Young Men", *Roeper Review* 19 (1996), p. 82-90.

[3] D. C. McBride et al., "Family Dinners and Victimization", apresentado na Associação Americana de Criminologia, em Chicago, Estados Unidos, em novembro de 2012.

[4] John Glenn, "The Benefits of Service-Learning", *Harvard Education Letter*, janeiro/fevereiro de 2001, disponível em http://hepg.org/hel/article/150.

[5] G. L. Hopkins et al, "Service Learning and Community Service: An Essential Part of True Education", *Journal of Adventist Education*, maio/junho de 2009, p. 20-25.

ÁREA DE DESCANSO

Descubra o remédio infalível para o estresse

Histórias dos séculos 18 e 19 contam como os gestores das fábricas roubavam o tempo dos empregados. Eles simplesmente retrocediam os ponteiros do relógio à medida que o dia avançava, forçando os infelizes funcionários a trabalhar mais tempo, sem lhes pagar hora extra. Outro estratagema era adiantar o ponteiro dos minutos a cada três minutos, durante o intervalo, diminuindo assim a hora de almoço dos empregados. Essas práticas roubavam dos trabalhadores uma mercadoria que jamais pode ser recuperada: o tempo.

Podemos perder dinheiro no mercado de ações ou em outros investimentos malsucedidos; mas, às vezes, é possível reavê-lo. Ou, se perdermos a saúde, podemos quem sabe recuperá-la por meio de cuidados médicos adequados, dieta e exercício. No entanto, o tempo perdido ou roubado, seja um minuto, um dia, uma semana, o que for, foi-se para sempre. No filme *O Preço do Amanhã* (2011), a sociedade controla o processo de envelhecimento, a fim de evitar a superpopulação. Por terem muito dinheiro, as pessoas ricas podem comprar uma vida mais longa do que as pobres. No entanto, o que é possível na ficção é impossível na vida real. Ninguém pode ganhar tempo.

O relógio avança independentemente do que fazemos. De todas as direções surgem forças que trabalham para roubar nosso tempo da mesma forma que um batedor de carteiras leva o que nos pertence. Telefones, *tablets*, internet e computadores mais rápidos não têm contribuído, ao que parece, para que tenhamos mais tempo. Pelo contrário, um dos fatos mais tristes do mundo moderno é que, quanto mais rápido fazemos as coisas, menos tempo temos para nós mesmos.

Embora a falta de tempo seja uma grande doença da vida moderna, um poderoso antídoto para o nosso dilema, na verdade, vem desde a antiguidade. É o sábado. Esse dia sagrado, aliado a um bom sono, é uma das melhores maneiras de encontrar descanso para a inquietação humana.

Refúgio

Em regiões do mundo onde ocorrem furacões, tornados e *tsunamis*, as pessoas constroem abrigos. Esses abrigos existem por uma razão: prover refúgio às pessoas na hora da tempestade, principalmente quando ocorrem tornados. Há, porém, um problema: temos que chegar ao refúgio. Se não estivermos perto de um deles ao irromper a tempestade, poderemos ficar sem abrigo. Nenhum refúgio vai ao nosso encontro; nós é que temos que procurá-lo.

No entanto, Deus criou um refúgio que, em vez de corrermos para ele, ele vem a nós. Na velocidade de 1,6 mil quilômetros por hora (a velocidade da rotação da Terra), o sábado circula o globo. Chegando ao pôr do sol de um dia e partindo no pôr do sol do dia seguinte, o sábado do sétimo dia envolve o planeta, trazendo ao nosso lar e à nossa vida um refúgio contra as exigências incessantes sobre nós e sobre o nosso tempo.

Esse refúgio, ou descanso, é tão importante que Deus o oferece a todos, sem exceção. O repouso do sábado é um símbolo da nossa confiança em nosso amorável Criador, que cuida mais de nós do que imaginamos. No sábado encontramos abrigo e proteção contra os cuidados da vida, ansiedades e problemas. O sábado simboliza nosso repouso nAquele que nos ama.

Abraham Heschel, um eminente escritor judeu, descreveu o sábado como um "palácio no tempo".[1] Uma vez por semana, o palácio celestial de Deus desce do Céu à Terra por 24 horas, e nosso Criador nos concede a glória da Sua presença, livre das perplexidades do mundo e dos fardos preocupantes do cotidiano. Entramos com Ele no santuário de refúgio: o sábado. Deus não apenas nos convida ao repouso do sábado, mas ordena que O adoremos e cessemos de trabalhar nesse dia.

Ele sabe que uma vida de pressa incessante e trabalho contínuo vai minar nossas forças vitais, enfraquecer nosso sistema imunológico e, desse modo, desviar o nosso foco, o que nos faria esquecer dEle. Ao lado dos mandamentos contra o assassinato, roubo e adultério, encontramos o mandamento para descansar. Isso mostra quão importante é o descanso para o nosso bem-estar geral. Contudo, o descanso que o Senhor ordena é muito mais do que o repouso físico, embora certamente inclua o sono. É o descanso total da mente, do corpo e do espírito no contexto do amor e do cuidado de Deus por nós.

O sono e o descanso

Sem dúvida, entre todas as coisas que dizem respeito ao sábado, o descanso é central. Até mesmo o próprio nome em hebraico, *shabbat*, vem de um verbo que significa "cessar", "descansar". Porém, não importa quão essencial possa ser o descanso do sábado, ele, por si só, não é suficiente. Descansar um dia por semana, embora seja algo benéfico espiritual, mental e fisicamente, seria insuficiente sem outro tipo de descanso: o sono.

Deus não nos ordena dormir o suficiente, como Ele faz em relação ao descanso sabático. Isso não é necessário porque o próprio corpo, se lhe prestarmos atenção, dá-nos os comandos. Cabe a nós segui-los ou não. Em certo sentido, assim como o sábado sempre vem a nós, o sono faz o mesmo.

Assim como o fato de violar os mandamentos de Deus traz consequências negativas, ignorar o que o nosso corpo nos diz também trará maus resultados. Em 2011, um chinês morreu depois de uma maratona de três dias na frente do computador em um cibercafé, quase sem comer e beber. Dois anos depois, em dezembro de 2013, Mita Diran, uma jovem funcionária da agência de publicidade Young & Rubicam, na Indonésia, trabalhou continuamente por três dias. Ela usou bebidas energéticas para se manter acordada. Entretanto, o preço que pagou por sua dedicação extravagante foi a morte.

É incrível quão triste e sombrio o mundo pode parecer quando é visto através de olhos caídos de exaustos por privação de sono. Por outro lado, a sensação de renascimento e renovação depois de uma longa noite de sono profundo é totalmente revigorante. Afinal, se Deus criou os seres humanos para o trabalho (Gênesis 2:15), Ele também os criou para o descanso. Entre o repouso do sábado/sono e a bênção do trabalho equilibrado e produtivo, podemos desfrutar bem-estar mental, físico e espiritual. O sábado e o sono são o verdadeiro repouso para a inquietação humana.

A investigação científica é clara: precisamos de sono. Sem um período adequado de sono, nosso organismo não pode funcionar corretamente. Todos sabem quão importante é dormir. No entanto, apesar de anos de estudo, ainda há muito por descobrir. Exatamente o que é, o que faz e por que o sono afeta o corpo e a mente do modo como ele faz são questões que ainda precisam de respostas aprofundadas. O fato é que o sono é essencial para a saúde e o bem-estar. Ainda que o sono não garanta que você não vai ficar doente, a falta dele significa que mais cedo ou mais tarde você ficará.

Quanto sono é suficiente? A resposta varia, pois as pessoas, sua saúde, seus hábitos de trabalho, sua idade e seu metabolismo variam. Para fins práticos, a maioria das pessoas precisa de cerca de oito horas de sono por noite (alguns estudos indicam entre sete e nove horas). Essa é a quantidade ideal necessária para experimentar todos os benefícios do sono.

Se você dormir bem, o sono o fará sentir-se descansado e energizado, e ajudará a combater infecções, prevenir diabetes e reduzir o risco de doenças cardíacas, obesidade e pressão arterial elevada. "A saúde por meio do sono é uma preocupação particular para os indivíduos com deficiências crônicas e distúrbios como artrite, doença renal, dores, o vírus da imunodeficiência adquirida (HIV), epilepsia, mal de Parkinson e depressão. Entre os idosos, as consequências cognitivas e médicas de distúrbios do sono não tratados diminuem a qualidade de vida, contribuem para limitações funcionais e acentuam a perda de independência, estando associadas com um risco aumentado de morte por qualquer causa."[2]

Insônia geral

Apesar dos dispositivos que facilitam o trabalho, viagens a jato e internet de alta velocidade, não estamos dormindo o suficiente. Você pode pensar que, com tudo o que está sendo feito mais rapidamente, teríamos mais tempo para descansar e relaxar. No entanto, muitos ao redor do mundo estão dormindo menos do que o recomendado.

Um número crescente de pessoas tem problemas de sono, e milhões sofrem de algum tipo de distúrbio crônico do sono. Como era de se esperar, sua falta de sono leva à diminuição do desempenho durante o dia. Reduzir o sono, mesmo que seja por uma hora e meia, por apenas uma noite, resulta em uma queda no estado de alerta durante o dia em até 32%. A falta de sono enfraquece também as habilidades cognitivas e a memória. E quem nunca experimentou o estresse causado pelo mau humor ou a irritabilidade de alguém que não dormiu o suficiente?

Os acidentes de trabalho são duas vezes mais prováveis de acontecer nos casos em que um dos trabalhadores não dorme o suficiente. A Administração Nacional de Segurança do Tráfego Rodoviário, nos Estados Unidos, estima que a cada ano dirigir com sono leva a pelo menos 100 mil acidentes de automóveis, 71 mil feridos e 1.550 mortes apenas naquele país. Pelo fato de os problemas causados pela falta de sono afetarem aqueles que nos rodeiam, torna-se nossa responsabilidade ter um período de sono e de descanso adequados.

Dicas para dormir melhor

Embora algumas pessoas tenham sérios problemas para dormir a ponto de requerer cuidados médicos, aqui estão algumas dicas simples que podem nos ajudar a ter um sono reparador adequado.

• Habitue-se a ter padrões regulares de sono. O corpo funciona em ritmos. Então tente ir para a cama no mesmo horário todas as noites e levante na mesma hora, até mesmo nos fins de semana.

• Exercícios físicos regulares, seguindo a orientação do médico, podem ajudar a ter uma boa noite de sono. Ao se exercitar, seu corpo queima energia, e a melhor maneira de restaurá-la é dormir (com alimentação adequada). "O sono do trabalhador é ameno" (Eclesiastes 5:12).

• Não durma com o estômago cheio. Cultive o hábito de tomar uma refeição leve à noite e evite comer, pelo menos, duas horas antes de ir para a cama.

• Evite bebidas cafeinadas. Como a cafeína é estimulante, pode tirar o sono.

• Evite situações estressantes antes de ir dormir. Tire a TV do quarto definitivamente. Resolva desentendimentos familiares durante o dia, não na hora de dormir.

• Concentre-se em coisas espirituais e reivindique as promessas de Deus sobre confiança e descanso nEle. "Descanse no Senhor e aguarde por Ele com paciência", diz o autor bíblico (Salmo 37:7). Muitas pessoas acham extremamente benéfico ler o livro de Salmos antes de dormir todas as noites. Os Salmos tendem a trazer calma para a vida e paz para a alma. Relaxam a mente e nos preparam para o sono.

Escolha o descanso

Como vimos, o sono não é o único componente da nossa necessidade total de descanso. Deus ordenou o descanso sabático semanal porque Ele sabia que, a menos que nos ordenasse a fazê-lo, não teríamos o descanso necessário. Se as pessoas, movidas pelo desejo de saber mais, ganhar mais, progredir mais, não dormem o sono físico o tempo suficiente, como guardarão o sábado? No entanto, como todos os mandamentos de Deus, o descanso do sábado semanal é para o nosso "próprio bem" (Deuteronômio 10:13).

Deus instituiu o sábado como parte da semana da criação original. Ou seja, mesmo antes de ter dado qualquer um dos mandamentos por escrito, a santidade do descanso sabático já havia sido instituída: "Assim foram concluídos os céus e a Terra, e tudo o que neles há. No sétimo dia, Deus já havia concluído a obra que realizara, e nesse dia descansou. Abençoou Deus o sétimo dia e o santificou, porque nele descansou de toda a obra que realizara na criação" (Gênesis 2:1-3).

Originalmente, não foi intenção de Deus dar a bênção do sábado apenas para um povo. Ele criou o dia de descanso para toda a humanidade, porque todas as pessoas têm sua origem no Senhor. "Deus viu que um repouso era essencial para o homem, mesmo no paraíso. Ele necessitava pôr de lado os próprios interesses e ocupações durante um dos sete dias, para que pudesse de maneira mais ampla contemplar as obras de Deus e meditar em Seu poder e bondade. Necessitava de um sábado para, de maneira mais vívida, o fazer lembrar de Deus, e para despertar-lhe gratidão, visto que tudo quanto desfrutava e possuía viera das benignas mãos do Criador."[3]

O verdadeiro repouso é muito mais do que simplesmente o ato físico do sono. Encontrar descanso para a mente e o corpo irrequietos requer mais do que pôr a cabeça no travesseiro em um estado de torpor sonolento. O verdadeiro descanso é entrar no repouso sabático celestial, que significa santificar o sábado como o dia que Deus abençoou. Deixando de lado o que fazemos, devemos passar tempo com o Criador, meditando no que Ele fez por nós. Aqueles que têm desfrutado a paz, a serenidade e a alegria de desfrutar o repouso sabático semana após semana sabem quão benéfico ele pode ser física, espiritual e mentalmente e como restaura nosso espírito exausto do trabalho.

Se não cuidarmos, as exigências da vida nos dominarão, prejudicando nossa saúde física, espiritual e mental. Deus nos deu dois poderosos antídotos para quebrar o ciclo vicioso do tempo, duas maneiras de encontrar repouso para nossa inquietude: o sono e o sábado.

Você pode escolher encontrar o descanso do sono e do sábado. Entretanto, mais que tudo, o Céu anseia que descubra a alegria de repousar total, plena e seguramente em Jesus, experimentando, assim, Seu verdadeiro repouso no presente e por toda a eternidade.

---

[1] Abraham Joshua Heschel, *The Sabbath* (Nova York: Farrar, Straus and Giroux, 1979).

[2] HealthPeople.gov, "Sleep Health", disponível em http://healthypeople.gov/2020/topicsobjectives2020/overview.aspx?topicid=38.

[3] Ellen G. White, *Patriarcas e Profetas* (Tatuí, SP: Casa Publicadora Brasileira, 2001 [CD-Rom]) p. 48.

FATOR ESSENCIAL

Explore o poder curador da fé

Durante décadas, os pesquisadores têm examinado a relação entre fé e saúde. Hoje, nós temos um conjunto crescente de evidências de que a fé faz diferença em nosso bem-estar total. A fé em um Deus pessoal que nos ama e só quer o nosso melhor tem um impacto positivo em nossa saúde física e emocional. Atualmente, sabe-se que a vida espiritual desempenha um papel muito mais importante na saúde do que se pensava.

Aqui está uma amostra do que os pesquisadores descobriram e o que um toque de espiritualidade pode fazer por você:

1. Estresse: Um estudo abrangente realizado em Alameda County, Califórnia, acompanhou o estilo de vida de cerca de 7 mil californianos. Ele revelou que os religiosos da Costa Oeste que participam de atividades patrocinadas pela igreja são marcadamente menos estressados sobre finanças, saúde e outras preocupações diárias do que os indivíduos não espirituais.[1]

2. Pressão arterial: Um estudo da Universidade Duke concluiu que idosos que frequentavam um serviço religioso, oravam ou liam a Bíblia regularmente tinham pressão arterial mais baixa do que aqueles que não seguiam essas práticas.[2]

3. Recuperação: Um estudo da mesma universidade descobriu que os pacientes devotos que passaram por cirurgias de grande porte permaneceram no hospital 11 dias, em média, em comparação com pacientes não religiosos, que passaram 25 dias no hospital.[3]

4. Imunidade: Uma pesquisa com 1.700 adultos descobriu que aqueles que frequentavam serviços religiosos eram menos propensos a ter níveis elevados de interleucina-6, uma substância associada ao controle de respostas imunes prevalente em pessoas com doenças crônicas.[4]

5. Estilo de Vida: Uma revisão de vários estudos sugere que a espiritualidade tem ligações com taxas de suicídio mais baixas, menos uso de álcool e abuso de drogas, taxa menor de comportamento criminoso, menos divórcios e maior satisfação conjugal.[5]

6. Depressão: Mulheres com mães "piedosas" têm 60% menos probabilidade de ter depressão do que aquelas cujas mães não são tão dedicadas às coisas da igreja, de acordo com um estudo da Universidade de Columbia. Filhas pertencentes à mesma denominação religiosa que suas mães têm ainda menos probabilidade (71%) de sofrer melancolia e tristeza, enquanto os filhos têm 84% menos chance.[6]

Força na fraqueza

Espiritualidade, no entanto, não é tudo de que você precisa para ter saúde perfeita. Desde a chegada do pecado, todos nós em algum grau sofremos física, mental e espiritualmente, não importa quanta fé em Deus tenhamos. Na Bíblia, Jó, um homem de grande fé, suportou doenças devastadoras. Paulo pediu três vezes a Deus para tirar-lhe o "espinho na carne"; mas, em vez da cura física para seu problema, ele recebeu um tipo especial de força. "Minha graça é suficiente para você", o Senhor lhe disse, "pois o Meu poder se aperfeiçoa na fraqueza" (2 Coríntios 12:9). Não admira que Paulo pudesse dizer: "Quando sou fraco é que sou forte" (verso 10). Esse incentivo é particularmente significativo para aqueles que, apesar da fé, oração e intervenção médica, ainda sofrem de doenças crônicas.

A fé realmente faz diferença na vida. Todavia, algumas perguntas significativas continuam sem resposta. Alguém pode questionar: "Se tivermos fé suficiente, poderemos viver como quisermos e ainda permanecer saudáveis? A fé nos dá licença para violar as leis da saúde e ainda esperar viver uma vida longa?"

Assumir que, se você tiver fé suficiente, suas escolhas em relação ao estilo de vida farão pouca diferença é uma presunção que pode levá-lo para o hospital. A ideia de que a fé é um tipo de cura mágica que torna a ajuda médica profissional desnecessária é um grande engano.

Algumas pessoas creem que, se forem ao médico devido a um problema de saúde, não estão demonstrando fé suficiente. Elas não compreendem que o mesmo Deus que pode curar diretamente pode guiar médicos competentes para realizar a cura. Toda cura vem definitivamente de Deus, que é o grande Restaurador. No entanto, *como* Deus cura e *quem* Ele usa para realizar o processo de cura são coisas que dizem respeito somente a Ele.

Fundamento da existência

Vamos explorar a fé bíblica e considerar sua fonte e resultados. Para entender o significado da fé, vamos começar com Hebreus 11:1: "Ora, a fé é a certeza daquilo que esperamos e a prova das coisas que não vemos."

O que é a fé então? A fé é a substância. O termo "substância" vem do latim *substantia*, que, por sua vez, é formado por outras duas palavras: *sub* e *stantia*. O vocábulo *sub* significa "debaixo", "sob". Temos palavras como "submarino", um barco que viaja sob o mar, e "subterrâneo", algo que está debaixo da terra. A palavra *stantia* vem de *stare* e se refere à essência de uma coisa, "estar presente", "ficar firme", "estar de pé", "estar debaixo de". A substância é algo que está "sob" sua vida, apoiando-o, sustentando-o e segurando-o. A fé é o fundamento da nossa existência.

Ao atuar como o fundamento de tudo, a fé sustenta todas as nossas esperanças e nos apoia ao lidarmos com as questões desconcertantes da vida. Como a essência de uma vida espiritual vibrante, a fé nos impede de desmoronar. Abel, Enoque, Noé, Abraão, Jacó, Moisés, José e outros heróis de Hebreus 11 tinham uma coisa em comum: uma fé que os sustentou ao longo da vida.

A fé é um relacionamento com Deus como um amigo confiável, o que nos leva a fazer o que Ele pede e a aceitar tudo o que permite, com a certeza absoluta de que Ele só quer o melhor para nossa vida. E é a fé que nos faz acreditar que Deus vai nos fortalecer para triunfar sobre as dificuldades e superar todos os obstáculos, até o dia em que receberemos a recompensa final no reino eterno. Assim, a fé leva você a confiar em Deus como alguém que o ama, sabe o que é bom para você e está interessado em sua felicidade.

Energizando todo o nosso ser, a fé levanta o ânimo, encoraja o coração, renova a esperança e muda a visão daquilo que é para o que poderá ser. Acreditando nas promessas de Deus, a fé recebe os dons celestiais antes mesmo de se materializarem.

Hall da fama celestial

Em Hebreus 11, o autor apresenta uma lista de heróis da fé ao longo das eras. Seus nomes estão em destaque no *"hall* da fama celestial"*. É surpreendente que o primeiro da lista como exemplo de fé morreu sem qualquer livramento miraculoso.

O autor relata: "Pela fé Abel ofereceu a Deus um sacrifício superior ao de Caim. Pela fé ele foi reconhecido como justo, quando Deus aprovou as suas ofertas. Embora esteja morto, por meio da fé ainda fala" (Hebreus 11:4).

De acordo com a Bíblia, Abel era justo. No entanto, qual foi o resultado de sua fé? Ele foi assassinado. Se não tivesse fé, teria sobrevivido. Caim não tinha fé e viveu, enquanto Abel morreu. Isso pode parecer estranho para alguns que têm uma compreensão equivocada da fé genuína, como aqueles que creem que, se a pessoa tiver fé suficiente, será sempre curada.

Consideremos o caso de Enoque, o próximo na linhagem real da fé na Escritura: "Pela fé Enoque foi arrebatado, de modo que não experimentou a morte; e já não foi encontrado, porque Deus o havia arrebatado, pois antes de ser arrebatado recebeu testemunho de que tinha agradado a Deus" (verso 5).

Se Enoque não tivesse fé, teria morrido; mas, como tinha fé, viveu. Abel tinha a mesma qualidade de fé que Enoque e, no entanto, pereceu. Enoque confiou nEle em vida e Abel, de igual modo, na morte. Assim, uma coisa fica clara: cada um dos notáveis da fé, em Hebreus 11, ensina-nos como confiar em Deus.

Agora, olhemos o exemplo de Noé: "Pela fé Noé, quando avisado a respeito de coisas que ainda não se viam, movido por santo temor, construiu uma arca para salvar sua família" (verso 7).

Sua fé o levou a fazer o que Deus ordenara, embora a maioria das pessoas considerasse aquilo ridículo. Com obediência, Noé seguiu as instruções de Deus. Confiando no Senhor, permaneceu onde estava durante 120 anos, construindo uma arca apesar de nunca ter chovido. Isso é fé.

A experiência de Abraão foi oposta: "Pela fé Abraão, quando chamado, obedeceu e dirigiu-se a um lugar que mais tarde receberia como herança, embora não soubesse para onde estava indo" (verso 8). Sua fé levou-o a deixar a segurança da terra natal e se aventurar pelo desconhecido.

Que contraste! Abel morreu pela fé e Enoque sobreviveu por meio dela. Noé permaneceu pela fé e Abraão se aventurou por causa dela. Sara concebeu um filho quando tinha 80 anos e, alguns anos depois, Abraão levou seu filho Isaque ao Monte Moriá, com a ordem de sacrificá-lo. Ali, o Senhor honrou a fé manifestada por Abraão e livrou o rapaz. O mesmo Deus que pedira para crerem que um filho lhes seria dado, agora lhes ordena o sacrifício dele e pede para crerem outra vez. É claro que Deus proveu o livramento miraculoso de Isaque, prenunciando o sacrifício de Jesus e o miraculoso livramento de cada um de nós das garras do pecado e da morte.

Vejamos outro contraste encontrado em Hebreus 11. José foi fiel a Deus apesar das difíceis circunstâncias de sua vida. Como resultado de sua fidelidade, Deus o honrou. Ele viveu como uma testemunha do verdadeiro Deus em meio à opulência e à riqueza do Egito. Moisés, porém, teve uma experiência diferente. O Senhor o tirou do Egito e o fez vagar pelo deserto em total dependência dEle. Moisés escolheu "ser maltratado com o povo de Deus a desfrutar os prazeres do pecado durante algum tempo. Por amor de Cristo, considerou a desonra riqueza maior do que os tesouros do Egito, porque contemplava a sua recompensa" (versos 25, 26).

José tinha fé e permaneceu no Egito, enquanto Moisés tinha fé e Deus o fez sair da terra do Egito. Por meio da fé, José enriqueceu, mas Moisés empobreceu. Fé é buscar a vontade de Deus para a nossa vida, quer seja na morte como Abel ou na vida como Enoque; quer permaneçamos em nosso lugar como Noé ou nos aventuremos como Abraão; quer vivamos no luxo do Egito como José ou peregrinemos no deserto, sem lar, como Moisés. Fé significa sempre confiança permanente em Deus.

Em que circunstância você se encontra hoje? Está enfrentando uma doença que ameaça sua vida ou está desfrutando de boa saúde? Você está completamente satisfeito em sua casa ou vai mudar e está com medo? Está prosperando financeiramente ou lutando para pagar dívidas? Desfruta de um bom casamento ou tem um relacionamento estressante e difícil? Você se sente perto de Deus ou distante dEle?

A fé, portanto, não depende dos nossos sentimentos ou da situação em que estamos. Todos os notáveis no "*hall* da fama" em Hebreus 11 experimentaram circunstâncias diversas em sua vida. A fé não se apoia no que está acontecendo ao nosso redor, mas tem tudo que ver com o que está ocorrendo dentro de nós. Cada um dos heróis de Hebreus 11 tem um fio condutor que perpassa sua vida: eles confiavam em Deus.

Fé é confiar em Deus para ter:
- Força na fraqueza.
- Esperança na depressão.
- Orientação na dúvida.
- Alegria na tristeza.
- Paz na ansiedade.

- Sabedoria na ignorância.
- Coragem no temor.

Não conhecendo derrota ou a palavra "impossível", a fé é cheia de coragem. Apoiando-se em Deus em todas as circunstâncias da vida, a fé pode permanecer positiva, não importa o que aconteça, pois ela leva a confiar nAquele que não conhece derrota. É esta atitude de confiança que permite ao cérebro liberar substâncias químicas positivas, como as endorfinas, que fortalecem o sistema imunológico e trazem saúde ao corpo.

A fonte da fé

A fé não é algum tipo de pensamento positivo elevado ou um sentimento autoinduzido. Não vem da própria habilidade de crer em alguma coisa. Hebreus 11:6 descreve a fonte da fé: "Sem fé é impossível agradar a Deus, pois quem dEle se aproxima precisa crer que Ele existe e que recompensa aqueles que O buscam." A fonte da fé é um Deus Todo-Poderoso, que sabe tudo e nos ama profundamente. Um relacionamento confiante em Deus começa com a percepção de que Ele nos ama e deseja somente o nosso bem.

Nossa atitude desempenha um papel importante em nosso bem-estar. Não é somente o estilo de vida que determina a boa saúde. As emoções também têm um impacto significativo. Um estudo conduzido por pesquisadores da Universidade de Kansas descobriu que as emoções positivas são decisivas para manter boa saúde física, especialmente no caso daqueles que sofrem muitas privações.

Em outras palavras, se você quiser ser saudável, precisa ter uma atitude positiva, particularmente se estiver passando por circunstâncias difíceis. O estudo mostrou que as emoções positivas como a felicidade e o contentamento estão ligadas a uma saúde melhor, mesmo ao se levar em conta a falta em necessidades básicas.

Carol Ryff, professora de Psicologia na Universidade de Wisconsin-Madison, observou: "Há uma ciência emergente que diz que a atitude positiva não é apenas um estado da mente. Ela também está ligada ao que acontece com o cérebro e o corpo."

Ryff mostrou que indivíduos com níveis mais altos de bem-estar têm um risco menor de contrair doenças cardiovasculares, níveis mais baixos de hormônios que provocam estresse e níveis mais baixos de inflamação.[7]

Deus é a fonte de todas as emoções positivas, e a fé toca essas emoções e libera o poder curador do corpo. Fé é confiança em Deus em todas as circunstâncias da vida, e nenhuma outra atitude dá tanta vida ou restaura a saúde desse modo.

Aumentando a fé

O que fazer se a fé é pequena? Talvez você concorde que a fé promove a vida, embora sinta que não tenha tanta fé. Temos boas-novas: você tem muito mais fé do que imagina. O problema não está em não ter fé; ocorre que você não tem exercitado a fé que tem. Em Romanos 12:3, Paulo diz: "Tenha um conceito equilibrado, de acordo com a medida da fé que Deus lhe concedeu."

Quando fazemos a escolha consciente de buscar o Deus Todo-Poderoso, depositando nEle a confiança, Ele põe em nosso coração uma medida de fé.

A fé é um dom que Deus nos dá. Quanto mais exercitarmos esse dom, mais ele crescerá. Ao aprendermos a confiar em Deus em meio às provações e aos desafios que enfrentamos na vida, nossa fé aumenta. Às vezes, os momentos de maior desespero são aqueles em que nossa fé mais cresce.

Podemos também expandir a fé quando meditamos na Palavra de Deus. Quando as verdades da Bíblia enchem nossa mente, a fé aumenta rapidamente. A Escritura afirma essa divina realidade na carta de Paulo aos Romanos: "Consequentemente, a fé vem por ouvir a mensagem, e a mensagem é ouvida mediante a palavra de Cristo" (Romanos 10:17).

Quanto mais saturarmos a mente com a Escritura, teremos mais fé. Sua Palavra expulsa as dúvidas. Você gostaria de abrir o coração a Deus, por meio da fé, e receber o Seu poder hoje? Se desejar entrar em um novo relacionamento de confiança em Deus, peça-Lhe que lhe conceda um coração confiante, de modo que possa experimentar os benefícios saudáveis de uma fé viva.

---

[1] Citado em David N. Elkins, "Spirituality," disponível em http://psychologytoday.com/articles/199909/spirituality.

[2] Ibid.

[3] Ibid.

[4] Ibid.

[5] Ibid.

[6] Ibid.

[7] Citado por Sharon Jayson, "Power of a Super Attitude", USA Today, 12 de outubro de 2004, disponível em http://usatoday30.usatoday.com/news/health/2004-10-12-mind-body_x.htm.

Saúde ao Máximo

A verdadeira fonte da juventude

Em abril de 2013, a cidade de St. Augustine, na Flórida, comemorou o 500º aniversário da descoberta da fonte da juventude. A fonte da juventude é uma fonte lendária que supostamente restaura a saúde e o vigor de quem bebe dela ou toma banho em suas águas borbulhantes. No século 16, a história dessas águas curativas tornou-se ligada às façanhas do explorador espanhol Ponce de León, e St. Augustine é o local do Parque Arqueológico da Fonte da Juventude.

O parque é uma homenagem ao local em que, segundo a tradição, Ponce de León desembarcou pela primeira vez nos Estados Unidos, embora não haja nenhum registro claro nos escritos do próprio conquistador de que ele tenha descoberto qualquer fonte. Nathaniel Hawthorne e outros escritores têm usado a metáfora da Fonte da Juventude em seus escritos. Mesmo a Walt Disney entrou em ação por meio da criação de desenhos animados baseados na lenda.

Histórias sobre essa fonte têm surgido em todo o mundo ao longo de milhares de anos, aparecendo nos escritos de Heródoto, nos relatos de Alexandre Magno e nas histórias de Prester John (ou Presbyter Johannes), uma figura lendária popular na Europa do século 12 ao 17.

Lendas semelhantes também foram destaque entre os nativos do Caribe, que contavam sobre os poderes de cura das águas na terra mítica de Bimini.

O problema com essas fontes da juventude, no entanto, é que as pessoas que bebem suas águas "mágicas" e se banham em suas fontes envelhecem, ficam doentes e morrem do mesmo jeito que as demais. Apesar de centenas de milhares de turistas visitarem a Fonte da Juventude de St. Augustine todos os anos, sua saúde não tem melhorado muito.

Milhões de pessoas, em todo o mundo, também buscam suas "fontes" da eterna juventude – quer se trate de uma dieta à base de plantas naturais, um regime rigoroso de exercícios, pensamento positivo ou algum creme maravilhoso para reduzir as rugas. Todos nós tentamos descobrir algo que vai prolongar nossa vida e perpetuar nossa exuberância juvenil. Dentro de cada um há um desejo colocado por Deus de viver uma vida longa, saudável e feliz.

Os princípios discutidos neste livro poderão nos ajudar a viver de forma plena e até a prolongar a vida, mas estas orientações não nos permitirão viver para sempre. Pesquisas recentes sobre questões de estilo de vida têm confirmado que a adesão a alguns princípios básicos de saúde pode prolongar nossa vida por sete anos ou mais. Entretanto, quão significativo é esse período quando visto à luz da história da humanidade?

Isso nos leva a uma das questões mais importantes da vida: Existe uma fonte da juventude cujas águas realmente irão satisfazer nosso anseio pela eternidade? Em nosso coração há um anseio de encontrar um remédio para a doença, o sofrimento e a tristeza que assolam o mundo. Queremos uma solução para a morte. Por isso, vamos concluir o livro com uma fascinante viagem à verdadeira fonte da juventude eterna.

Água da vida

Dois mil anos atrás, em uma tarde escaldante de verão na Palestina, Jesus percebeu no coração de uma mulher um anseio por algo mais em sua vida, embora ela tivesse receio de admitir isso. Os relacionamentos vazios que tivera com vários homens só reforçavam sua pobre autoimagem. Procurando alguém para cuidar dela como pessoa, a mulher esperava, além de encontrar a esperança, preencher o vazio da alma. Então, ela conheceu Jesus. Diferentemente de qualquer outro homem que ela conhecera, Cristo mostrou respeito e ouviu sua história. Ele parecia saber tudo sobre ela antes que o revelasse e, mesmo assim, aceitou-a incondicionalmente, sem nenhuma atitude condenatória.

À medida que a conversa se desenrolava, a mulher samaritana percebeu que Jesus era o Messias. Em um momento notável quando se sentaram ao lado do poço de Jacó, Jesus disse: "Quem beber desta água terá sede outra vez, mas quem beber da água que Eu lhe der nunca mais terá sede. Ao contrário, a água que Eu lhe der se tornará nele uma fonte de água a jorrar para a vida eterna" (João 4:13, 14). O Cristo divino oferecia à mulher a chance de beber da verdadeira fonte da juventude. Jesus satisfaz, purifica e dá a vida eterna.

Existem dezenas de substitutos e falsificações, mas só há um verdadeiro Messias. Somente Ele pode satisfazer as necessidades mais profundas do coração humano e proporcionar vida eterna. Falando aos líderes judeus e multidões aglomeradas nos rituais religiosos de Seu tempo, Jesus fez o convite: "Se alguém tem sede, venha a Mim e beba. Quem crer em Mim, como diz a Escritura, do seu interior fluirão rios de água viva" (João 7:37, 38).

Ao ir a Jesus, recebemos a dádiva da vida eterna. O Céu começa em nosso coração agora. Encontramos nova paz, novo poder para a vida diária e nova esperança para o futuro. Para o cristão que crê na Bíblia, a morte não é uma longa noite sem amanhã. Também não é um buraco escuro no chão ou um túnel sem luz no fim. Jesus declarou de forma sucinta: "Não se perturbe o coração de vocês. Creiam em Deus; creiam também em Mim. Na casa de Meu Pai há muitos aposentos; se não fosse assim, Eu lhes teria dito. Vou preparar-lhes lugar. E se Eu for e lhes preparar lugar, voltarei e os levarei para Mim, para que vocês estejam onde Eu estiver" (João 14:1-3).

Nosso Senhor tem uma resposta definitiva para o problema da doença e do sofrimento, bem como para nossas ansiedades sobre o envelhecimento. Um dia, Jesus voltará e então Ele vai recriar nosso planeta manchado pelo pecado e o sofrimento, tornando-o outra vez como o Jardim do Éden. Ele fará novos céus e nova Terra. Cânceres e doenças do coração não mais existirão. As portas de cada sala de emergência serão fechadas para sempre, e os hospitais não serão mais necessários. Não haverá necessidade de tratar doenças malignas e incuráveis.

João, o autor do Apocalipse, descreve o rio da cura, a verdadeira fonte da juventude: "Então o anjo me mostrou o rio da água da vida que, claro como cristal, fluía do trono de Deus e do Cordeiro, no meio da rua principal da cidade. De cada lado do rio estava a árvore da vida, que frutifica doze vezes por ano, uma por mês. As folhas da árvore servem para a cura das nações" (Apocalipse 22:1, 2).

Essa passagem fala sobre a fonte da juventude. O livro do Apocalipse descreve o Éden restaurado. Retrata um novo mundo com seres felizes, saudáveis e santos. Esse novo mundo vai satisfazer os anseios do nosso coração e atender às nossas necessidades mais profundas, satisfazer a fome da nossa alma e saciar nossa sede interior. Na plenitude da presença amorosa de Deus, vamos viver em uma atmosfera de amor.

O Céu é um lugar real

O Céu é um lugar real para pessoas reais. Não é um mundo etéreo, de espíritos desencarnados. Jesus declarou: "Bem-aventurados os humildes, pois eles receberão a terra por herança" (Mateus 5:5). Pedro acrescenta: "Todavia, de acordo com a Sua promessa, esperamos novos céus e nova Terra, onde habita a justiça" (2 Pedro 3:13). Contemplando as eras futuras, com visão profética, o apóstolo João testifica: "Então vi novos céus e nova Terra, pois o primeiro céu e a primeira Terra tinham passado" (Apocalipse 21:1).

Imagine a cena: tapetes de grama verde cobrem a superfície da Terra. Flores em uma infinita variedade de cores pontilham a paisagem.

Riachos de águas cristalinas abrem caminho através dos campos verdejantes. Os pássaros cantam suas canções felizes. Animais de todas as formas e tamanhos brincam à luz do sol. Alegria e paz enchem a Terra. Vida e amor fluem do coração de Deus, e todos os novos habitantes do Éden se regozijam na atmosfera da presença divina.

À luz do completo e abrangente amor de Deus, relacionamentos rompidos são restaurados. Não há mais tensão. Barreiras já não existem entre as pessoas, a harmonia e a união substituem a alienação e a separação. A confiança e a aceitação banem a suspeita, o conflito e a rejeição.

O profeta Isaías diz isso muito bem: "Ninguém fará nenhum mal, nem destruirá coisa alguma em todo o Meu santo monte, pois a Terra se encherá do conhecimento do Senhor como as águas cobrem o mar" (Isaías 11:9). A dor e sofrimento serão totalmente curados. Seremos íntegros, completos, física, mental, emocional e espiritualmente.

O pecado nos separou de Deus e, alienados dEle, estamos desligados da fonte de saúde total. Como resultado, temos que enfrentar a ansiedade e o medo, a doença e os males, a culpa e a condenação, a amargura e a raiva. Entretanto, ao aceitar o amor de Jesus, receber a Sua graça e abraçar o Seu poder, não só podemos viver uma vida abundante aqui e agora, mas poderemos viver com Ele por toda a eternidade.

Seguindo os princípios que o Senhor escreveu em cada nervo e em cada tecido do nosso corpo, podemos experimentar a vida no seu ponto máximo, mesmo em um mundo dilacerado. Contudo, os efeitos prolongados do pecado ainda permanecem. Existem fatores ambientais e hereditários que não podemos controlar. A doença ainda está presente. Embora possamos seguir fielmente as leis de saúde estabelecidas pelo Criador, ainda envelhecemos. A morte ainda nos espreita ao virar de cada esquina. No entanto, a esperança vibrante que incentiva todos os crentes é que dias melhores virão. Em sua carta a Tito, o apóstolo Paulo a chama de "bendita esperança" (Tito 2:13). A esperança do retorno de Jesus e as glórias da eternidade levantam nosso espírito, incentivam o nosso coração e inspiram nossa vida.

Um homem muito respeitado morreu aos 120 anos de idade. Talvez se possa creditar sua idade avançada, pelo menos em parte, à perspectiva alegre que caracterizou sua vida. Um dia, enquanto trabalhava no jardim, em seus últimos anos, ele cantava hinos de louvor a Deus. Seu pastor, que estava passando, olhou por cima do muro e disse:

– O senhor parece muito feliz hoje.

– Sim – respondeu o ancião. – Eu só estava pensando...

– Pensando em quê?

– Se as migalhas de alegria que caem da mesa do Mestre neste mundo são tão boas, como será então o grande pão que comeremos na glória! Eu lhe digo, senhor: haverá bastante para todos, e ainda vai sobrar.

Ele estava certo. A alegria que experimentamos aqui é apenas um pálido reflexo da indescritível alegria que sentiremos à luz da incrível glória de Deus. A promessa de "um novo céu e uma nova Terra" nos dá a coragem para enfrentar o que a vida joga diante de nós hoje e qualquer desafio que surgir amanhã.

O apóstolo Paulo inspirou a igreja de Corinto com estas palavras surpreendentes: "Eis que eu lhes digo um mistério: nem todos dormiremos, mas todos seremos transformados, num momento, num abrir e fechar de olhos, ao som da última trombeta. Pois a trombeta soará, os mortos ressuscitarão incorruptíveis e nós seremos transformados. Pois é necessário que aquilo que é corruptível se revista de incorruptibilidade, e aquilo que é mortal, se revista de imortalidade" (1 Coríntios 15:51-53).

A palavra "imortal" significa não estar sujeito a essas coisas. Com base nas promessas do Senhor, podemos ter a certeza de que Ele vai voltar e transformar nossos fracos corpos, propensos a doenças, em imortais e gloriosos, e nunca adoeceremos outra vez.

Além dos sonhos

A Bíblia está repleta de promessas maravilhosas de que Deus cumprirá Seu plano de restauração e bem-estar total (ver Isaías 33:24; 35:5, 6). E então construiremos casas e habitaremos nelas, plantaremos vinhas e comeremos do seu fruto, e nos alegraremos com o trabalho de nossas mãos (ver Isaías 65:21-23). Com corpos renovados e saudáveis, cheios de vitalidade e energia abundante, viveremos como fomos criados para viver no princípio. Encontraremos incrível satisfação ao utilizar a criatividade dada por Deus e a expansão de nossa capacidade mental ao máximo.

Ao explorarmos os segredos do Universo, iremos nos maravilhar diante da indescritível bondade de Deus. O Senhor apagará para sempre as cicatrizes emocionais do passado. Haverá completa cura para os traumas de infância. Os golpes esmagadores da vida que nos atingiram repentinamente serão tragados pelo oceano da graça de Cristo. "E os que o Senhor resgatou voltarão. Entrarão em Sião com cantos de alegria; duradoura alegria coroará sua cabeça. Júbilo e alegria se apoderarão deles, e a tristeza e o suspiro fugirão" (Isaías 35:10).

Na presença de Cristo, teremos eterna alegria. Nada pode nos impedir de perder isso. Pela graça e pelo poder de Deus, você pode escolher ter a melhor saúde possível hoje, preparar-se para ver o Salvador face a face na Terra renovada e experimentar a ilimitada felicidade por toda a eternidade.

Se você gostou da mensagem deste livro e deseja mais informações, visite:
vivacomesperanca.com.br

Você pode ainda entrar em contato conosco pelo *e-mail* atendimento@esperanca.com.br ou escrever para o Projeto Esperança, Caixa Postal 7, Jacareí, SP, CEP 12300-970. Se preferir, ligue para (12) 2127-3121. Para saber mais sobre a mensagem maravilhosa que a Bíblia apresenta para você e sua família, acesse:
biblia.com.br

Conheça também a TV Novo Tempo:
novotempo.com.br

Saiba que Deus tem um plano especial para sua vida. Procure conhecê-lo melhor e viva com mais esperança.

IGREJA
ADVENTISTA
DO SÉTIMO DIA